QS100 世界名校录取指南

中信保诚人寿保险有限公司◎编

中国金融出版社

责任编辑：黄海清　白子彤

责任校对：孙　蕊

责任印制：陈晓川

图书在版编目（CIP）数据

QS100世界名校录取指南 / 中信保诚人寿保险有限公司编. ––北京：中国金融出版社，2025. 6. –– ISBN 978-7-5220-2810-1

Ⅰ. G649.1–62

中国国家版本馆CIP数据核字第2025NR3985号

QS100世界名校录取指南

QS100 SHIJIE MINGXIAO LUQU ZHINAN

出版
发行　**中国金融出版社**

社址　北京市丰台区益泽路2号

市场开发部　　（010）66024766，63805472，63439533（传真）

网 上 书 店　www.cfph.cn

　　　　　　　（010）66024766，63372837（传真）

读者服务部　（010）66070833，62568380

邮编　100071

经销　新华书店

印刷　河北松源印刷有限公司

尺寸　169毫米×239毫米

印张　16.75

字数　224千

版次　2025年6月第1版

印次　2025年6月第1次印刷

定价　58.00元

ISBN 978 - 7 - 5220 - 2810 - 1

如出现印装错误本社负责调换　联系电话（010）63263947

编委会成员

甄金辉　李茂胜　姜　南　王　旭　季小弋
李　晋　王　雁　乔诗琦　史文军　王可颖

序言一　护航子女教育，自信对话未来

致读者：

当中信保诚人寿保险有限公司（以下简称中信保诚人寿）决定联合教育界专家出版这本《QS100 世界名校录取指南》时，我身边很多的亲朋好友、客户、合作伙伴都在讨论，一家保险公司为什么要做一本教育类的书籍？这样一本书籍，是否客观，是否真的以教育需求为出发点？作为中信保诚人寿的首席市场官，我很荣幸能为大家推荐这本《QS100 世界名校录取指南》。因为它不仅传承着中信保诚人寿对"诚信伙伴、成就未来"这一理念的坚守，也承载着像我一样的家长们对年轻一代的深切期许。

中信保诚人寿基因：全球视野与中国机遇

中信集团从成立之初便被赋予对外开放窗口的使命，发挥桥梁纽带作用，以"来中国、找中信""要出国、找中信"两大服务品牌为契机，全面统筹金融全牌照资源和产业创新资源，助力全球合作伙伴投资中国、赢在中国。中信保诚人寿依托中信集团的强大积累和深厚底蕴，以及保诚集团的专业经验和国际资源，不断深化改革发展，致力于为更好地连接世界作出贡献。

中外合作的基因，赋予了我们独特的国际化视野与本土化深耕的能力。这种"双向连接"的基因，正是中信保诚人寿的立身之本——我们既理解中国学子对全球顶尖教育资源的渴望，也深知国际化人才对中国发展的重要意义。因此，我们不仅践行"要出国，找中信"的承诺，也在勇于实现"来中国，找中信"的业务创新。中信保诚人寿在 2025 年推出全新子女教育服务体系，通过整合各方资源，为客户提供更加多元化的"保险＋子女教育"产品服务体系，构建以"三大平台 + 三大核心权益 +N 项服务"为核心架构的教育服务全流程，为国内家庭提供"教育规划 + 资源链接 + 风险保障"的一站式解决方案，支持客户实现子女教育的长远规划。

不止于升学规划，更关乎教育方向

《QS100 世界名校录取指南》由国际教育专家、曾任教于美国常春藤名校普林斯顿大学的甄金辉老师主笔，她在过去五年间，出版了多本出国留学畅销书。本书立足专业与实用，覆盖全球顶尖名校的一线调研，结合数据和实践经验，汇集主流留学国家名校录取的干货解读。本书尤其针对中国学生录取的情况进行了全面的解析，勾勒出符合各名校录取偏好的学生画像，并对不同名校毕业生的就业去向作了数据化的展示，助力有国际升学需求的家庭从各个方面洞悉留学发展的趋势，把握住申请的每个环节，制订行之有效的名校升学规划方案。

《QS100 世界名校录取指南》与普通留学指南的不同在于，它不仅是一本实用性导向的书籍，更是一本"关于未来之书"。教育的焦虑，本质是未来的不确定性。在人工智能（AI）引发的巨大变革中，教育站在了历史的十字路口。本书在汇集了前沿升学信息的同时，也融合了中信保诚人寿及教育专家对教育变革的深刻洞察。

名校的录取标准基于数百年教育实践的总结，以及对未来社会需求的预判。这些标准反映的是其核心教育理念和对未来人才的期待。这些世界顶尖名校能够将成功不断延续，是其教育理念不断适应时代需求的结果。这些前瞻性的教育模式和理念，能够培养出具备全球竞争力、批判性思维和社会责任感的未来领袖。跟随名校的步伐为子女作背景提升规划，能够帮助我们赋予孩子在未来社会生存所必需的能力。

勇敢追梦，心系家国

回首二十多年前，我曾留学英伦。在大洋彼岸求学工作的经历，赋予了我对世界多元化的深刻理解，也激发了无尽的家国情怀。我坚信国际化的视野和经历，会重塑我们看待社会的视角，也会丰富我们的生命体验。二十多年后的今天，我希望我们的下一代能够获得专业的指导，在世界名校申请的竞争中旗开得胜。愿你走过我来时的路，而这一程，更加繁花似锦。

如今，教育正在迅速变革，世界正在加速重构，未来的领袖需兼具国际视野与中国根基。希望这本书能助你推开名校之门，也愿你铭记：留学不仅是知识的积累，更是责任的觉醒。无论你走到哪里，中信保诚人寿都将以专业的金融和教育服务始终陪伴、一直守护，因为我们相信，今日心怀世界的你，终将成为改变世界的力量。我们也衷心希望所有脚踏实地追逐梦想的有志青年可以学有所成，中信保诚人寿期待你们的加入。

愿此书为你点燃灯塔之光，照亮无限可能。

中信保诚人寿首席市场官

2025 年 6 月

序言二　在星辰与大地之间

——致未来宇宙的勘探者

在科技日新月异、教育与时俱进的今天，高校依然是文明进步的重要智力节点，是给世界的未来带来力量与希望的创新涌现之处。人才培养比历史上任何时代都更加重要，更由于文明的不断发展与扩张而更加凸显其急迫需求。没有最好的大学，只有最适合的选择。一眼扫过 QS 世界大学排名 TOP100 名校的名字，惊讶地发现自己已经到访其中超过三分之二的学校。一路走来总会想起三个坐标：北京大学东门外物理楼的石阶、哈佛大学天文系那架古老的望远镜，以及近现代无以计数的科技发明的策源地——麻省理工学院（MIT）。这些坐标连成的轨迹，不仅标记着我的学术生涯，更折射出一所顶尖大学的终极使命——在人类认知的极限处，点燃下一个宇宙真相的导火索。做人"知行合一"（MIT），做事坚持"真理"（哈佛大学），一河相隔的两所顶尖学府穿越时空的校训指引着每一位充满生机的学生的未来。

明年是意大利裔美籍实验物理学家布鲁诺·罗西（Bruno Rossi）诞辰 120 周年，他曾经跟随波尔、费米等著名物理学家工作，第二次世界大战期间在 MIT 极富盛名的辐射实验室参与雷达的研发工作，20 世纪 60 年代他的研究开创了 X 射线天文学、空间等离子体物理学。罗西共计在 18 个年度获得 45 次诺贝尔物理学奖提名，是历史上未得奖的天体物理学研究者中获提名次数最多的一位。曾与罗西共事的贾科尼获得了 2002 年诺贝尔物理学奖，获奖理由是"在天体物理学领域作出的先驱性贡献，这些研究导致宇宙 X 射线源的发现"。美国天文学会自 1985 年起设立了布鲁诺·罗西奖，以表彰对高能天体物理学作出重要贡献的学者，40 年来成为这个领域影响力最大的天文学奖项。

作为 40 年来最年轻的布鲁诺·罗西奖得主，我参与人类探索宇宙原初引力波的足迹，从南极冰穹极点，到智利阿塔卡马沙漠深处，再到推动建设世界海拔最高的阿里原初引力波望远镜；从费米伽马射线太空望远镜，到开启中国近地轨道的科学远征——研制中国首颗空间天文卫星"悟空号"。而今，通过香港大学太空研究实验室与商业航天浪潮的"天地协同"，我们正将学术前沿的引力透镜，聚焦于新太空经济的星辰大海。这本《QS100 世界名校录取指南》的价值，恰似为这场远征提供的星际地图——它不仅标注知识的坐标，更揭示跨越文明与学科引力的弹道方程。

在北大，我在田刚教授领导的微分几何研讨班学习复流形，研究纤维丛、量子几何与广义相对论，惊叹描述宇宙最基本规律的数学语言之美；在哈佛，Martin Elvis 教授告诉我以小行星、月球为代表的太空资源开发与利用将改变人类探索宇宙和利用宇宙的新纪元；MIT 卡佛利天体物理研究中心的 Max Tegmark 教授，思考宇宙的数学本源，写下《生命 3.0》的著作，发出对人工智能振聋发聩的新生命形态的预言，甚至赋予人工智能令人惊叹的宇宙使命。这些经历让我领悟到，真正的学术突破往往诞生于让那些最强大脑在自由探索的伟大征程中发现新大陆。这正是 QS 排名背后的深层逻辑：学术声誉的本质，是敢于触碰"不可能问题"的勇气；雇主声誉的根基，是将理论方程转化为工程代码的魄力。

当加州理工学院喷气推进实验室（JPL）与剑桥大学卡文迪许实验室相遇时，它们共同验证了一个定律：顶尖大学必须同时具备两种能力——用数学语言预言宇宙，用螺丝刀与代码重塑宇宙。在香港大学太空研究实验室，我们正在实践一种独特的"两栖科研"：在基础科学端，依托阿里望远镜的万亿级数据流，构建原初引力波的"宇宙声纹库"；在商业航天端，通过"仰望一号"卫星群实现光学巡天商业化，其观测效率比哈勃望远镜提升 3 个数量级。

这种模式，正是 QS 指标中"产学结合"与"国际协作"的极致演绎：MIT 的帕帕拉多学者经历，让我们将干涉合成孔径技术引入商业卫星设计；

NASA 爱因斯坦基金的支持，催生了全球首个针对太空资源勘探的 X 射线遥感算法，最终推动中国香港地区第一个空间天文太空望远镜发射升空；而北大培养的系统思维，则帮助我们在"悟空号"与"盘古"太空望远镜设计中平衡科学目标与工程约束。科学与人文关怀、艺术与科学共生，在清华六教聆听当年 82 岁的杨振宁先生教授普通物理学，仿佛依然在耳畔；入学北大半个月，就有机会与李政道先生座谈对话。银河系巨型气泡仿佛让旋臂状的银河系盘面构成了壮丽的三维太极图，仿佛与中国传统文化的精神不谋而合。

香港的独特地缘，使这里正在融合中西太空探索不同的文化精神，东西方航天智慧的虫洞——当我们的学生用博弈论优化卫星星座部署、用贝叶斯网络分析暗物质分布、用区块链技术设计空间数据交易协议时，他们正在书写 QS 排名未能显式标注的"暗参数"：在国家昌盛与商业聚荣间架设桥梁的能力。

本书的价值，在于它用数据透视了这种蜕变的可能路径：

● 看透"学术声誉"背后的真相：它可能意味着普林斯顿高等研究院的咖啡厅辩论，也可能是洛桑联邦理工学院（EPFL）开放式学生卫星智慧装调空间。

● 解码"论文引用率满分"的潜台词：当"悟空"团队在顶刊《自然》杂志发表"对电子和正电子的太电子伏特宇宙射线谱断裂现象的直接探测"论文时，其价值不仅在于数百次的被引次数，更在于国际社会对中国太空精密探测设备的认可，为中国研发出的世界第一台商业太空望远镜"仰望一号"带来首个商业观测订单。

● 理解"国际化指数"的化学效应：香港大学，正是"一国两制"科研范式的具象化——用资本主义市场的敏捷性，服务社会主义国家的战略需求。

● 明年香港大学组织的国际天文学联合会（IAU）亚太会议，正是将国际顶级学术研讨放入中国粤港澳大湾区语境下的探索与开拓。

当"仰望一号"视场里精准出现 NASA 的小行星带探索任务 Lucy 航天器时，它的轨道参数恰似 QS 百强校的排名逻辑——既有开普勒定律的确定性，也需不断修正太阳光压的扰动。选择一所大学，本质是选择一套"宇宙勘探工具包"：是像 MIT 那样，用"海盗精神"劫持现有技术范式；还是如牛津大学，在古老学院的回廊里培育超新星般的思想爆发；抑或像香港大学，在"跨境产学研"的特区土壤中，嫁接出新太空经济的奇异果实，链接全球太空服务市场？

　　愿《QS100 世界名校录取指南》成为广大学子与留学家庭的洛希瓣半径计算器——在学术引力与商业潮汐的平衡中，找到最稳定的轨道。当我们仰望星空时，星空也在凝视着每一个正在抉择的年轻头脑：你们的选择，将决定人类文明是会因"凯斯勒综合征"而困守于地球的太空碎片，还是驶向太阳系边界的奥尔特云之外。

Meng Su

香港大学太空研究实验室副主任

2025 年 6 月

序言三　在变革的时代，
定义卓越教育的坐标

——QS 中国区首席教育专家致全球读者

高等教育正经历前所未有的变局。人工智能重塑知识生产的逻辑，气候危机催生跨学科研究的急迫性，地缘竞争推动学术资源的重新配置——在这个充满不确定性的时代，选择一所大学，本质是在选择应对未来挑战的思维方式与技术手段。《QS100 世界名校录取指南》的使命，正是为这场全球智力迁徙绘制精准的导航图。

作为 QS 排名体系的设计者与守护者，我们深知：大学排名从不是冰冷的数字游戏，而是对教育生态系统的动态解剖。自 2004 年首次发布以来，QS 排名始终恪守公开透明的"多维度评估"原则——通过学术声誉、雇主声誉、师生比、论文引用、国际研究网络等 9 项指标，综合评估一所大学的价值。这套方法论历经 20 年迭代，覆盖 1500 所院校的千万级数据，其核心价值在于揭示一个本质规律：顶尖大学必然是"学术卓越性、社会影响力与全球化导向"的共生体。

观察 2025 年 QS100 榜单，以下三个趋势尤为显著：

其一，"跨界创新"成为顶尖学府的新护城河。麻省理工学院（MIT）多年蝉联榜首，其成功不仅源于工程学的传统优势，更在于打破了学科壁垒：计算机科学与哲学在"道德机器实验室"碰撞，材料工程与艺术设计在 Media Lab 交融，知识生产的范式已然被改变。亚洲的大学也在作同样的尝试，"精准健康和医学"（MSc in Precision Health and Medicine），证明卓越的大学必须充当社会痛点的"外科医生",而非论文工厂的"流水线工人"。

其二,全球学术领导力向多极化加速演进。过去 10 年,美国院校在 QS100 中的席位从 32 所降至 25 所,中国内地高校和香港高校各占 5 个席位,共计 10 所。这种学术影响力转移绝非零和博弈,而是知识平权后的必然。比如苏黎世联邦理工学院(ETH)的量子计算成果被非洲农业物联网采用,墨西哥国立自治大学(UNAM)的气候模型指导东南亚城市规划,真正的学术领导力正在从"单向输出"转向"网状协作"。

其三,教育公平性与精英性的张力持续升级。作为精英教育典范的美国常春藤联盟,依旧以低录取率著称,比如,哈佛大学仍以 3.59% 的录取率捍卫"象牙塔"光环,欧洲的慕尼黑工业大学(TUM)则通过"慕尼黑模式"证明:免费教育(每学期仅收取 128 欧元管理费)与全球竞争力可以并存。这种分化推动了全球高校排名体系承担新使命:既要用"师生比""国际师资比例"等指标强调高校人才培养和教育质量的重要性,也需通过"国际研究网络""可持续发展"等新维度引领国际教育和科研资源普惠。

中信保诚人寿《QS100 世界名校录取指南》的编撰,是非常及时和必要的。这本书正是为了穿透排名数字的表层,呈现这些变革的肌理。书中解析了每所大学的王牌学科、录取的指标与要求、录取逻辑、特色培养机制,同时披露了招生官的偏好。对广大学生与家长而言,本书在手,就拥有了解全世界顶流大学的"选校宝典"与精准自我定位的指南针。

作为全球化教育的见证者与参与者,我期待这本《QS100 世界名校录取指南》成为你求学旅途中披荆斩棘的利刃——数据为锋,洞察如炬。世界或许充满未知,我希望这本书里的文字能为你点亮前行的星光,伴你走过这段成长之旅。若有一天,你探索世界的足迹也能成为后来者的航标,便让这本书有了通向未来的意义。

QS 世界大学排名中国区首席教育专家

2025 年 6 月

目　录

导读　三大世界大学排名体系解析

QS 世界大学排名（QS World University Rankings）、U.S. News 全球大学排名（U.S. News & World Report Best Global Universities）和上海软科世界大学学术排名（ARWU）作为最知名的世界三大大学排名体系，被广泛应用于选择留学的参考，以及企事业单位用人的参照，理解其参数差异，有助于提醒家长和学生理性地看待排名——真正的教育价值，远非数字所能衡量。

一、QS 世界大学排名（QS Rankings）

QS 世界大学排名的核心理念为"全球声誉与就业导向"，其衡量指标与权重如下表所示。

指标	权重	数据来源与定义
学术声誉	30%	基于全球 14.5 万名学者的问卷调查，覆盖学科广度与研究质量的主观评价
雇主声誉	15%	基于全球 5.5 万家雇主的反馈，评估毕业生就业竞争力与职场表现
师生比	10%	衡量教学资源投入、学生人数与全职教师比例（如牛津大学师生比 1∶4.5）
论文引用率	20%	基于 Scopus 数据库，计算 5 年内师均论文引用次数（剔除自引与极端值）
国际教师比例	5%	外籍教师占全职教师的比例（如新加坡国立大学国际教师占比为 65%）
国际学生比例	5%	外籍学生占全体学生的比例（如伦敦政治经济学院国际学生占比为 70%）
国际研究网络	5%	2025 年新增指标

续表

指标	权重	数据来源与定义
就业能力	5%	2025 年新增指标
可持续性	5%	2025 年新增指标

资料来源：根据 QS 官网数据整理统计。

二、U.S. News 全球大学排名（U.S. News）

U.S.News 全球大学排名的核心理念为"科研产出与学术影响力"，其衡量指标与权重如下表所示。

指标	权重	数据来源与定义
全球科研声誉	12.5%	基于学者问卷调查（约 3.4 万份），评价院校研究质量
区域科研声誉	12.5%	按地理区域划分的学者评价（如亚洲学者对亚洲高校的评分）
论文发表数量	10%	基于 Web of Science（Clarivate）数据库收录的 SCI/SSCI 论文总数
著书数量	2.5%	专注于社科和艺术与人文学科的大学
学术会议	2.5%	会议论文集在一些领域很有价值，尤其是工程和计算机领域
文献引用影响力	10%	基于论文总被引次数（标准化处理学科差异），衡量论文影响力
文献总引用量	7.5%	统计高校所有发表论文的总引用数
高被引论文量	12.5%	统计被引用次数在前 10% 的论文数量
高被引论文占比	10%	前 10% 高被引论文数量占该校总论文的比例（如哈佛大学高被引论文占比为 3.2%）
国际合作论文比例（国家之间）	5%	跨国合著论文占比（如苏黎世联邦理工学院国际合作论文占比为 65%）
国际合作	5%	评估高校在国际合作研究方面的表现
顶尖期刊论文数	5%	Clarivate 基本科学指标数据库（ESI）中，22 个科学领域中排名前 1% 的论文数量，如《自然》（*Nature*）、《科学》（*Science*）、《细胞》（*Cell*）等
顶尖期刊论文比例	5%	Clarivate 基本科学指标数据库（ESI）中，科学领域中排名前 1% 的论文所占比例

资料来源：根据 U.S. News 官网数据整理统计。

三、上海软科世界大学学术排名（ARWU）

上海软科世界大学学术排名的核心理念为"学术成就与精英导向"，其衡量指标与权重如下表所示[①]。

指标	权重	数据来源与定义
校友获奖	10%	获诺贝尔奖（科学类）或菲尔兹奖的校友折合数（如哈佛校友现有 160 位诺贝尔奖得主）
教师获奖	20%	获诺贝尔奖（科学类）或菲尔兹奖的老师折合数（如斯坦福现有 22 位诺贝尔奖得主）
高被引科学家	20%	各学科领域被引用次数高的学者数量（如清华大学 2023 年入选 69 人）
《自然》《科学》论文	20%	在《自然》（Nature）和《科学》（Science）发表的论文的折合数（加权计算）
SCI/SSCI 论文数	20%	被科学引文索引（SCIE）和社会科学引文索引（SSCI）收录的论文数量
师均学术表现	10%	上述五项指标得分的师均值（如加州理工学院师均得分全球第一）

资料来源：根据 ARWU 官网数据整理统计。

四、三大排名参数对比分析

维度	QS 世界大学排名	U.S. News 全球大学排名	上海软科世界大学学术排名
核心侧重	声誉与就业	科研产出与国际化	学术顶尖成就
主观评价权重	45%（学术＋雇主声誉）	25%（全球＋区域声誉）	0（纯客观指标）
学科覆盖	综合学科（含社科、艺术）	以理工科为主，社科次之	自然科学绝对主导
语言偏向	英语文献（Scopus）	英语文献（Web of Science）	英语文献（《自然》《科学》等期刊）
区域公平性	英美主导（TOP100 占 40 席）	美国主导（TOP100 占 40 席）	美国主导

[①] 对纯文科大学，不考虑 N&S 论文指标，其权重按比例分解到其他指标中。

续表

维度	QS 世界大学排名	U.S. News 全球大学排名	上海软科世界大学学术排名
中国高校表现	清华（排名第 20）、北大（排名第 14）	清华（排名第 16）、北大（排名第 31）	清华（排名第 22）、北大（排名第 29）

资料来源：根据官网数据整理统计。

五、中国语境下的应用差异与公众认知

- 留学家庭：QS 世界大学排名为"黄金标准"（因直观反映就业竞争力）。
- 学术界：U.S. News 全球大学排名更受重视（尤其在工程、医学领域）。
- 企业招聘：部分国企、央企将 QS 世界大学排名前 100 设为管培生门槛。

中国北京大学（北大）、清华大学（清华）、复旦大学（复旦）、上海交通大学（上交大）、浙江大学（浙大）都在 QS 世界大学排名榜单中名列前茅，本书未对其进行一一介绍。

第 1 章　美国进入 2025 年 QS 排名前 100 的大学

在 2025 年 QS 世界大学排名中，共有 25 所美国大学进入 TOP100，下表将 25 所美国大学 2024 年至 2025 年的排名变化、突出优势学科领域，以及显著特点作一比较。许多美国知名大学并未进入 QS 排名 TOP100，但录取难度很高（比 QS 排名 TOP30 中许多大学的录取难度更高），这与 QS 自身的评价指标有关。所以，在申请美国大学时，需要进一步参照 U.S. News 美国大学排名。

大学名称	2024 年QS 排名	2025 年QS 排名	优势学科	核心特色
麻省理工学院	1	1	工程、人工智能、计算机科学	高科技创造力和转化能力全球领先
哈佛大学	4	4	医学、法学、公共政策	世界级综合声誉与校友网络
斯坦福大学	5	6	计算机科学、商科、创业生态	硅谷资源驱动科研转化能力
加州理工学院	15	10	物理、航天工程、基础科学	师生比全球领先（1∶3）
宾夕法尼亚大学	12	11	沃顿商学院、医学、护理学	雇主声誉指标稳居前 5
加州大学伯克利分校	10	12	计算机科学、环境科学、化学工程	专利数量全美公立学校第 1
康奈尔大学	13	16	农业科学、酒店管理、计算机工程	跨学科研究项目增长显著
芝加哥大学	11	21	经济学、社会学、理论科学	诺贝尔奖得主数量位列全美前 3
普林斯顿大学	17	22	数学、理论物理、人文领域	人均科研经费全美最高

续表

大学名称	2024 年 QS 排名	2025 年 QS 排名	优势学科	核心特色
耶鲁大学	16	23	法学、人文社科、国际关系、政治学	学术声誉得分持续攀升
约翰斯·霍普金斯大学	28	32	医学、公共卫生、生物工程	科研经费超过 25 亿美元 / 年
哥伦比亚大学	23	34	金融工程、新闻学、国际政治	纽约地缘优势提升就业力指标
加州大学洛杉矶分校	29	42	医学、电影艺术、心理学	国际学生比例增至 22%
纽约大学	38	43	金融、法律、艺术	上海 / 阿布扎比校区国际化加分
密歇根大学安娜堡分校	33	44	工程、商科、医学	公立大学中科研产出最高
西北大学	47	50	材料科学、传媒、市场营销	校企合作紧密，雇主声誉提升
卡内基梅隆大学	52	58	人工智能、机器人、戏剧学院	行业合作论文引用率激增
杜克大学	57	61	生物医学、公共政策、商学院	美国南方学术中心地位，学术扎实
得克萨斯大学奥斯汀分校	58	66	能源工程、人工智能、会计学	近年来，得克萨斯州以芯片产业带动科研投资
伊利诺伊大学厄巴纳—香槟分校	64	69	工程、计算机科学、会计学	产学合作专利数量居全美前 5
加州大学圣迭戈分校	62	72	生命科学、海洋学、生物工程	斯克利普斯研究所合作深化
华盛顿大学西雅图分校	63	76	医学、海洋科学、计算机科学	比尔·盖茨基金支持资金充足
布朗大学	73	79	脑科学、环境研究、创新教育模式	本科生满意度全美前 10
宾夕法尼亚州立大学	83	89	工业工程、材料科学与核工程、地球科学、供应链管理	地球科学、材料科学领域的被引论文数量突出，能源与国防领域科研经费充足
普渡大学	99	89	航空航天工程、农业技术、供应链管理	国防合作经费增长 30%

资料来源：根据 QS 官网数据整理统计。

麻省理工学院

麻省理工学院（MIT）以"颠覆性创新 + 技术落地能力"为绝对标准，仅在数学、工程、计算机科学等领域选拔具有诺贝尔奖 / 图灵奖潜力的顶尖学生。申请者需通过里程碑式科研成果、国际顶赛统治力及解决现实问题的技术突破构建不可替代的竞争力，并精准匹配 MIT "知行合一"的学术文化。

一、录取数据

MIT 官网数据显示，MIT 整体录取率从 2023 年的 4.8% 降至 2024 年的 4.5%，国际学生录取率更低至 1.41%，竞争极为激烈。

MIT 官网数据显示，MIT 在 2025 年申请季（2025 Fall）共录取 14 名中国学生，2024 年则录取了 19 名中国学生（含海外高中），中国学生录取率低于 1%。

二、中国学生录取标化成绩

GPA 得分为 3.9+，SAT 得分中位数为 1550+（满分 1600），ACT 得分为 35+，AP 课程 8 ~ 12 门得分为 5 分。[1]

三、中国学生录取背景

1. 学术背景过硬：约 50% 的录取者拥有 IMO（数学）、IPhO（物理）、IOI（信息学）等国际竞赛金牌 / 银牌。

2. 参加的科研项目过硬：参与顶尖实验室研究（如中国科学院、MIT 暑期科研项目）、发表 SCI 论文或专利。

---

[1] GPA：平均学分绩点。SAT：美国高中毕业生学术能力水平考试。ACT：美国大学入学考试。AP 课程：美国大学先修课程。下同。

3. 体现科技创业创新能力：如开发应用程序、成立非营利组织（如环保科技项目）、开发低成本海水淡化装置、向非洲国家推广此项技术应用等。

4. 具有突出的领导力：国际级学生组织创始人、全球峰会代表（如联合国青年会议）。

四、专家观点与建议

1. 录取者普遍具备"全球顶尖学术实力 + 突破性创新成果"，活动背景着重往此方向努力。除成绩外，MIT 更关注"突破性创新能力"，如开源项目贡献、跨学科发明（如人工智能与生物医疗相结合）。

2. 差异化定位：能申请 MIT 的全是手拿王牌竞赛金奖的选手，避免"竞赛 + 科研"同质化，突出个人独特贡献（如艺术与科技结合、社会影响力项目）。

3. MIT 重视"Why MIT"与"协作精神"，在文书写作中应具体说明如何利用 MIT 资源（如 Media Lab、UROP 计划）。附加文书呼应 MIT 校训"Mind and Hand"（"手脑并用"），强调动手能力与理论结合。

五、研究生录取综合指标

虽然 MIT 以本科录取难而著称，但中国学校在硕士研究生阶段进入 MIT 的学生非常多。MIT 最大的国际生留学群体为中国人，中国留学生约有 1200 人，占 MIT 国际生总数的 25% 以上。其中绝大部分是硕士研究生和博士研究生。

考试类型	成绩要求
GPA	硕士：3.9+/4.0（国内本科均分 90+/100）；博士：3.8+/4.0
GRE/GMAT	GRE 330+（Quant[①] 170，写作 4.5+），商科需 GMAT 750+
语言成绩	托福 110+（单项 ≥ 25）或雅思 8.0+（单项 ≥ 7.5）

资料来源：根据学校官网数据整理统计。

注：①Quant 为 GRE 考试数学部分。下同。

软背景要求如下。

1. 科研与专业能力。

● 论文发表：博士申请者要求极高，通常需 1 ~ 3 篇顶级会议 / 期刊论文（如 CVPR、*Nature* 子刊），虽非硬性要求，但 MIT 的高要求令申请者准备充分。硕士则没有这类要求。

● 实践经历：工程类专业看重知名企业研发经验（如谷歌、华为实验室），商科类专业需 3 ~ 5 年管理层经历。

● 个人陈述：强调跨学科研究潜力（如人工智能与生物医学融合项目）。

2. 近年来，MIT 减少纯理论项目录取，偏好"落地型"研究，倾向能产业化的技术（如新能源电池、人工智能医疗诊断等）。

3. MIT 在硕博录取中普及视频面试：部分专业（如 MBA）采用 Kira Talent 平台进行人工智能（AI）面试评估。

因硕士与博士录取的软背景，即推荐信、科研实习等要求具有共性，在美国、英国等所有大学这一板块中，并不再列软背景，只列硬件条件。

哈佛大学

哈佛大学实行严格的精英选拔制度，近年录取率维持在 3.4% 左右，通过学术卓越性、领导力潜能与社会影响力三维评估体系，从全球申请者中筛选最具综合竞争力的个体。

一、录取数据

哈佛大学官网数据显示，2028 届申请人数：56937。录取人数：1966。地域分布：国际学生 15.4%。集中的学科领域：人文学科（16%）、社会科学（28.2%）、生物科学（17.4%）、物理科学（6.7%）、工程（9.5%）、计算机科学（9%）、数学（6.6%）、未定（6.7%）。

二、中国学生录取数据

据不完全统计，2025 年哈佛大学在中国录取了 9 名本科生，2024 届录取中国学生 19 人，较 2023 年（22 人）有所下降。2022 年哈佛大学录取中国学生 10 人。

三、中国学生录取背景

1. 学科竞赛：国际奥赛金牌（如 IMO、IPhO）、ISEF（国际科学与工程大奖赛）全球奖项。

2. 社会影响力：创办非营利组织（如环保、教育公平项目）、发表高影响力学术论文（如 SCI 期刊）。

3. 领导力：国家级学生组织负责人、跨国文化项目发起人。

四、专家观点与建议

1. 重视差异化定位：避免"竞赛＋科研"同质化背景，挖掘独特经历（如非遗保护、跨文化冲突研究等）。

2. 了解哈佛大学的校园文化，寻找自己与学校相匹配的特质并发扬光大。尤其要体现未来推动社会进步的领袖特点。提前规划差异化背景提升路径。

3. 文书主题聚焦个人成长与社会价值相结合（如通过科技解决弱势群体问题）。

五、研究生录取综合指标

哈佛大学每年都招收大量的中国学生，据不完全统计，在哈佛大学注册的研究生院的中国学生高达 1200 多人，许多学生都会在研究生阶段进入哈佛大学。

录取数据：GPA 的要求是明确的，理工科（如工程、计算机）为 3.8/4.0+（顶尖院校背景可放宽至 3.7+）；人文社科（如教育、公共政策）为 3.7/4.0+；商学院（MBA）为 3.6~3.9/4.0（更看重工作经历）。

学科相关课程成绩：核心课程（如数学、专业必修课）需接近满分（A/A+）。

项目类型	考试要求	平均分数（录取者）
商学院	GMAT	730~760（中位数 750）
法学院	LSAT	170~175（中位数 173）

续表

项目类型	考试要求	平均分数（录取者）
工程学院	GRE	Quant 168+，Verbal 160+
医学院	MCAT	520+（98th percentile）
文理学院	GRE（部分项目可选）	总分 330+

资料来源：根据学校官网数据整理统计。

斯坦福大学

斯坦福大学延续"颠覆性创新 + 全球影响力"的选拔逻辑，录取者需在学术天花板之上，展现改变行业或社会的具体潜力。申请策略应聚焦"唯一性"——通过深度个人项目构建不可复制的申请画像，同时精准匹配斯坦福"冒险家精神"与硅谷创新生态。

一、中国学生录取数据

据不完全统计，斯坦福大学 2025 年在中国录取 16 名学生，2024 年斯坦福大学共录取中国学生 29 名（未含海外高中 53 名），2023 年斯坦福大学共录取中国本科生 38 名（含早申和常规轮）。

二、中国学生录取标化成绩

标化成绩：录取学生 SAT 中位数为 1500~1570，托福 110+，GPA 接近满分（3.9+/4.0，年级 1%）。IB 需 44+/45，A-Level 需 4A*，高难度（HL）科目全 7 分，EE（拓展论文）获 A+ 评级。15 门以上 AP 课程（5 分率 ≥ 95%），部分完成大学高阶课程（如斯坦福在线学分课）。

三、中国学生录取背景

1. 竞赛与科研：国际奥赛金牌（如化学、生物）、丘成桐科学奖、ISEF 等是重要加分项。

2. 公益与兴趣类活动：成为公益项目创始人，体现对社会公益的热情与改变世界的努力（如创建流动图书馆，为贫困地区建立儿童图书馆）。

3. 跨学科创新研究：突破学科边界，跨界研究创新（如结合东亚文化研究与编程技术，开发数据可视化项目）。

四、专家观点与建议

1. 学术成果准备充分。

• 标化与课程选择：SAT 目标 1550+，托福 115+，AP/IB 课程需覆盖核心科目（如微积分、物理）并取得满分。

• 竞赛与科研成果：优先参与国际奥赛（如 IMO、ISEF）或斯坦福关联项目（如 RSI 夏校），争取发表论文或专利（非必要）。

2. 课外活动与个人特质。

• 体现领导力与社会责任：发起公益项目（如教育公平、环保），需长期投入并量化成果（如服务人数、资金规模）。

• 突出跨领域创新：如结合 AI 与人文研究，或通过艺术与科技融合项目展现独特性。

3. 建议早申，优势明显：斯坦福早申录取率（约 5.7%）显著高于常规轮（约 2.17%），建议条件优秀者优先申请 REA（Restrictive Early Action，限制性提前行动）。

五、研究生录取综合指标

斯坦福大学研究生录取的核心逻辑是"顶尖学术能力 + 颠覆性创新潜力"。申请者需在硬性指标（GPA、标化）达标的基础上，通过深度科研、跨界实践、精准匹配导师构建独特优势达到目标。

1. 录取数据：GPA 最低建议：3.7/4.0（国内本科需要更高标准，GPA3.9+），优先考虑顶尖海外本科及中国 C9/985 高校，国内本科录取占比约 40%。

2. 专业匹配度：跨学科申请需明确关联性（如数学本科申请计算机科学需要提前先修过算法、数据结构课程）。

3. 标化成绩要求（官网要求，但实际录取要远高于此要求）如下表所示。

指标	具体要求
GRE	理工科：Quant 168+，Verbal 155+，写作 4.0+（部分项目如 CS PhD 已取消 GRE 要求）
GMAT	商学院（MBA）：730+（中位数 740），写作 6.0+
托福 / 雅思	托福 100+（单项 25+）或雅思 7.5+（单项 7.0+）

资料来源：根据学校官网数据整理统计。

加州理工学院

加州理工学院（Caltech）以"科学纯粹性 + 颠覆性创新"为核心逻辑，仅在基础科学或工程领域的天才型学生中选拔。申请者需在顶尖竞赛、原创科研、跨学科视野上达到"学界同龄人天花板"水平，并精准匹配 Caltech"探索真理第一"的学术文化。

一、录取数据

Caltech 官网数据显示，2024 年 Caltech 整体录取率低至 2.27%，国际学生录取率不足 1%，竞争激烈程度远超 MIT（4.5%）和斯坦福大学（3.9%）。2024 年 Caltech 女生录取比例首次超过男生（51%），国际学生中中国学生占比最高（约 17%）。Caltech 计划未来扩招本科生至每年约 260 人，但其中国际学生名额仍严格控制在 10% 左右（约 25 人）。

二、中国学生录取标化成绩

2024 年，Caltech 共有中国本科生约 127 人（四年制本科），平均每届 32 人，占国际本科生总数的 9.9%~14%。2025 年 Caltech 共录取中国学生 16 名，2024 年 Caltech 共录取中国学生 14 名，较 2023 年的 10 名增长 40%。

GPA 与标化：Caltech 录取学生平均 GPA 接近满分（3.9+/4.0），托福为 110+，SAT 中位数为 1570+（满分 1600），ACT 为 35~36，AP 课程考试 8~10 门（理科科目满分）。

三、中国学生录取背景

1. 竞赛与科研优势明显：国际奥赛奖牌是必备条件（如 IMO 金牌、IPhO 金牌、IOI 前 20 名等，ISEF 总决赛获奖、丘成桐科学奖全球前三）。

2. 科创优势明显：深度科技实践与科研能力（如独立开发开源量子计算模拟器、参与 NASA/JPL 实验室暑期项目），跨领域创新能力（如结合人工智能与艺术创作，或通过技术解决社会问题）。

3. 体现领导力与社会责任：创办 STEM 社团并组织国家级竞赛，发起长期公益项目（如教育公平、环保等）。

四、专家观点与建议

1. Caltech 仅接受"天才级"数理能力者，申请者在高中阶段完成大学高阶课程（如 MIT Open Course Ware 的量子力学课程）会增加竞争力。

2. 建议提前 3~5 年规划科研路径，优先参与国际顶尖实验室项目。对于目标 Caltech 的学生，建议从 9 年级开始提前规划，以"突破性成果"而非"堆砌经历"为核心策略。

3. 自 2024 年起，Caltech 更强调"跨学科解决人类重大挑战"（如气候变化、脑科学），申请者可围绕此类主题构思文书。同时 Caltech 一向以"超高压力、高度协作"的精神著称，文书中如果展现抗压能力与团队合作经验（如国际团队科研项目）会令学校印象深刻。

五、研究生录取综合指标

Caltech 作为世界顶级理工院校，学校规模小，招生人数不多。在校中国学生有 150 人左右。Caltech 研究生录取以"极致学术能力 + 颠覆性创新潜力"为核心标准，中国学生需在顶尖院校背景、顶刊论文、国际级竞赛中占据绝对优势。

指标	要求
GPA	最低 3.8/4.0（国内本科需专业排名前 5%），数学 / 物理课程成绩尤为关键

续表

指标	要求
标化考试	GRE：Quant 169+（满分 170） 物理 / 工程学科需 Physics GRE 900+（如申请 PhD） 语言：托福 105+（单项 ≥ 25）或雅思 7.5+（单项 ≥ 7.0）
学科匹配	需修完高阶课程（如微分几何、量子力学），跨学科申请需明确科研衔接点

资料来源：根据学校官网数据整理统计。

宾夕法尼亚大学

宾夕法尼亚大学（Upenn）以"跨学科领导力 + 社会创新"为核心逻辑，沃顿商学院与工程学院近乎"掐尖录取"。申请者需通过顶配学术成绩、高影响力项目及精准的跨学科叙事，展现与宾夕法尼亚大学文化的深度契合。

一、录取数据

宾夕法尼亚大学官网数据显示，2024 年整体录取率约为 5.4%，国际学生录取率低至 3.1%，中国学生录取率不足 1%。早申录取率（19%）显著高于常规轮（7.1%），约 51% 的新生通过早申录取。宾夕法尼亚大学恢复 SAT/ACT 强制提交要求，未提交标化成绩的申请者竞争力大幅下降。

二、中国学生录取标化成绩

据不完全统计，2024 年宾夕法尼亚大学共录取了 44 名中国学生，2023 年录取 41 人（包括海外），2023 年录取了 40 名中国学生（包括海外）。

GAP：顶尖高中年级前 5%（如人大附中、上海世外、南外），均分 95+/100 或 4.0/4.0，AP 课程基本是 8~10 门（5 分率 ≥ 90%），IB 预估分 44+/45，A-Level 4A*。

ACT：34~36（数学和科学部分满分占比高）。

SAT：1530~1570。

三、中国学生录取背景

1. 积极参与相关竞赛体现学术能力与潜力。

- 国际级：IMO/IPhO/IOI 奖牌、丘成桐科学奖全球前三、ISEF 总决赛奖项。

- 国家级：全国中学生学术竞赛（如 NEC 经济挑战赛）、CTB 全球创新研究大挑战特等奖。

- 发表 SCI/ 顶会论文（如 AI 领域 Neur IPS、社会科学 SSCI 期刊），或参与高校实验室项目。

2. 体现创业与社会创新能力。

- 成立社会企业（如环保科技公司）、开发应用程序（用户量 10 万 +）。

- 发起全国性非营利项目（如乡村教育支持计划），获媒体报道或政府合作。

- 创办跨境电商平台（年营收 50 万美元以上），获红杉资本种子投资。

3. 体现社会责任与领导力。

- 担任国际组织青年代表（如模拟联合国主席）、学生会核心成员、学生会主席等。

- 联合国青年气候峰会中国代表，发起"零碳校园"倡议等。

四、专家观点与建议

1. 文书体现与宾夕法尼亚大学核心价值观（如"理论与实践结合"）相契合，如结合沃顿商业领导力课程设计职业规划。

2. 活动规划突出跨学科能力：申请者可融合科技与人文（如用数据分析研究历史趋势），工程申请者需体现人文关怀（如用技术解决社会问题），理工科申请者建议关注用科技解决社会问题。

3. 宾夕法尼亚大学早申录取率为常规轮的 2~3 倍，建议目标明确者优先选择早申。

五、研究生录取综合指标

宾夕法尼亚大学研究生入学有很多机会。中国学生占国际学生群体的 25%~30%。宾夕法尼亚大学中国研究生录取的核心逻辑是"顶尖学术能力 + 落地实践潜力"，申请者需在细分领域建立独特优势，并深度匹配宾夕法尼亚大学跨学科资源（如沃顿—工程联合项目）。

类别	具体要求与指标	重点学院 / 项目差异	中国学生适配建议
GPA 要求	最低 3.5/4.0（3.8+ 更具竞争力）	沃顿商学院：3.7+；工程学院：3.5+；文理学院（PhD）：3.8+	双非院校背景需 3.8+ 补充科研 / 论文
本科院校	985/211 院校优先，双非院校需突出专业排名（如学科评估 A 类）	沃顿商学院：偏好清北复交或海外本科；教育学院：接受普通一本（如师范类院校）	提供专业排名证明（如软科中国学科排名）
语言成绩	托福 100+（单项 ≥ 23）或雅思 7.5+（单项 ≥ 7.0）	工程学院：托福 ≥ 95 可豁免口语单项；法学院：雅思 ≥ 7.5（写作 ≥ 7.0）	申请助教（TA）需托福口语 ≥ 26
GRE/GMAT	GRE ≥ 325（量化 ≥ 168）；GMAT ≥ 730（沃顿 MBA）	数据科学（SEAS）：GRE Quant ≥ 170；公共政策（SP2）：GRE 可选但建议提交	理工科优先 GRE，商科强制 GMAT

资料来源：根据学校官网数据整理统计。

加州大学伯克利分校

加州大学伯克利分校（UC Berkeley）以"学术极致 + 社会影响力"为核心逻辑，尤其在工程与计算机领域近乎"掐尖录取"。申请者需通过超高课程难度、顶配科研竞赛及深度社会参与构建不可替代的申请画像，并精准匹配 UC Berkeley "创新驱动公益"的价值观。

一、录取数据

根据 UC Berkeley 官方数据（下文数据来源相同），2024 年秋季国际学生录取人数为 751 人。国际学生录取率从 2023 年的 5.15% 降至 2024 年的 3.36%，竞争激烈程度远超部分藤校。UC Berkeley 的中国学生总人数为 2474 人，本科生人数为 433 人，中国学生占国际学生群体的 20%~25%。

二、中国学生录取标化成绩

2025 年 UC Berkeley 给中国学生发放了 450 份录取通知书，大幅增长。2024 年录取中国本科生人数为 259 人，2023 年录取中国本科生人数为 433 人。

● 标化成绩：托福目标 110+（官方最低 80 分），因加州大学体系永久取消 SAT/ACT，所以学生的 GPA 与国际课程体系分数权重增加。

● GPA 与课程：保持未加权 GPA 3.9+，平衡 AP 课程的难度，建议通过 6 门以上 AP 课程，而且核心科目满分。

三、中国学生活动背景类型

1. 科研背景与竞赛活动。

● 理工科：IMO/IPhO/IOI 奖牌、ISEF 总决赛奖项、丘成桐科学奖全球前五等较为硬核的理工科奖项。

● 发表 SCI/ 国际会议论文（如 IEEE、ACM，但这是非必要的，对于中学生而言，真实的科研经历比发表更重要），以及国家级实验室实习。

2. 课外活动与领导力。

● 科技创新：独立开发应用（用户量 10 万 +）、开源社区核心贡献者（如 GitHub 千星项目）。

● 社会影响：发起全国性公益项目（如乡村教育支持、环保科技），获省级以上媒体报道。

● 领导力：国际组织青年代表（如模拟联合国主席）、学生会 / 社团创始人。

● 体育艺术特长：有 1~2 个高水平体育或艺术特长项目。

四、专家观点与建议

1. UC Berkeley 以学业难学业重著称，要强化学术难度与纵深度：选修 UC Berkeley 认可的荣誉 / 高阶课程（如 UC Berkeley 夏校学分课程），展现学科深度。

2. UC Berkeley 很重视社区服务的文化，在活动规划和文书中，要凸显社区服务与贡献：结合 UC Berkeley 公益文化，在文书中体现技术解决社会问题的实践（如用编程优化残障人士服务）。

3. 加利福尼亚州积极执行本地学生优先的政策，所以国际学生在文书中强调与加利福尼亚州的联系会是一个独特的角度，与 UC Berkeley "造福公众"的价值观相契合。

五、研究生录取综合指标

UC Berkeley 以 "学术卓越 + 技术影响力" 为核心逻辑，尤其在工程、计算机科学和金融工程领域，对科研深度与产业落地能力要求严苛。申请者需通过顶刊顶会成果、高价值行业经验及跨学科视野，展现与 UC Berkeley 创新生态的契合度。

考试类型	成绩要求
GPA	硕士：3.5+/4.0（国内本科均分 85+/100）；博士：3.8+/4.0
GRE/GMAT	GRE 325+（理工科 Quant 168+）， 商科需 GMAT 720+
语言成绩	托福 90+（单项 ≥ 22）或雅思 7.0+（单项 ≥ 6.5）

资料来源：根据学校官网数据整理统计。

康奈尔大学

康奈尔大学以"学术深度 + 社会价值"为核心逻辑，尤其重视申请者在专业领域的突破性潜力与解决实际问题的能力。建议申请者通过高影响力项目、跨学科实践及精准的学院匹配策略提升竞争力，并利用早申（ED）窗口最大化录取概率。

一、录取数据

康奈尔大学官网数据显示，2024 年康奈尔大学整体录取率为 8.4%（较上年上升 0.5%），国际学生录取率不足 1%，中国学生竞争激烈。2025 年康奈尔大学录取了中国学生 148 名，较 2024 年的 125 名多了 24 名。2024 年康奈尔大学共有中国本科生约 611 人，占国际本科生总数的近 1/3，平均每届入学 150 人左右。

二、中国学生录取标化成绩

GPA 与标化：康奈尔大学录取学生 GPA 普遍 3.9+/4.0（国际高中）或前 10%（体制内学生），SAT 中位数为 1390~1550，托福均分为 100+。

康奈尔大学 2024 年共向中国学生发放了 126 份录取通知书，其中国内高中录取 75 人，美国高中及其他海外高中录取 51 人。

三、中国学生录取背景

1.优秀的学术成绩。

• 竞赛与科研：各学科国际奥赛（如 IMO、ISEF 等）、美国一类奖项。

• 人文社科类：《纽约时报》征文入选，John Locke 论文竞赛高奖、HIR 哈佛国际评论写作比赛金奖。

• 持续 3 年以上的科研 / 艺术项目（如独立开发开源工具、举办个人画展）。

2. 突出的公益活动与社会影响力。

● 领导力与公益：如创办环保组织、发起教育公平项目；社团创始人（如人工智能伦理研究社）。

● 跨学科创新意识：部分学生结合技术与人文领域（如人工智能与社会科学研究）。

3. 可持续发展理念：康奈尔大学拥有美国最为有名的农学院，对于可持续发展领域的研究非常关注。

四、专家观点与建议

1. 康奈尔大学注重"学以致用"，申请者要着重展示如何将知识转化为解决实际问题的方案（如用机器学习优化偏远地区医疗资源分配、开发人工智能助盲导航系统等）。

2. 展示跨学科能力："科技 + 人文"融合主题（如用数据分析历史趋势），工程学院看重"工程 + 商业"跨界应用（如开发可穿戴设备并设计商业模式）。

3. 突出社区贡献：强调"康奈尔精神"（Any Person, Any Study），文书需体现对多元文化的包容与社会责任感（如为残障群体设计无障碍设施）。

五、研究生录取综合指标

康奈尔大学的中国学生中，本科生 611 人、研究生 2166 人、专业研究生（如 MBA 等）423 人。所以，在所有藤校中，康奈尔大学对中国学生的录取率是最高的。

考试类型	成绩要求
GPA	硕士：3.5+/4.0（国内本科均分 85+/100）；博士：3.8+/4.0
GRE/GMAT	GRE 320+（理工科 Quant 165+），商科需 GMAT 680+
语言成绩	托福 100+（单项 ≥ 23）或雅思 7.5+（单项 ≥ 7.0）

资料来源：根据学校官网数据整理统计。

芝加哥大学

芝加哥大学以"学术极客 + 思辨先锋"为核心筛选逻辑，录取者需在学科深度、批判性思维、社会洞察力三个方面达到顶尖水平。毕业生凭借芝加哥大学"理论 + 实践"的双重基因，成为金融、学术、科技领域的领军者。

一、录取数据

芝加哥大学官网数据显示，该校在读中国学生 1000 人左右，占国际学生的比重为 45%。2025 年，芝加哥大学向中国学生发放了 68 份录取通知书，2024 年中国学生录取约 85 人（含海外高中）。

二、中国学生录取标化成绩

标化考试	中位数要求
GPA（未加权）	4.0/4.0（顶尖高中年级前 3%，如北师大实验中学、上海中学、南京外国语学校）
SAT/ACT	SAT 1520~1570（阅读 750+）/ACT 34~36（数学满分占比高）
AP/IB/A-Level	AP 课程 8~12 门（5 分率 ≥ 95%），IB 预估分 43+/45，A-Level 4A*（需提交高难度学科成绩）

资料来源：根据学校官网数据整理统计。

三、中国学生录取背景

1.积极参与学术活动与国际竞赛。

• 人文社科：《纽约时报》征文入选，John Locke 论文竞赛全球前三、哈佛国际评论写作金奖等写作奖项。

• 理工科：IMO/IPhO/IOI 奖牌、丘成桐科学奖全球前五、ISEF 总决赛奖项。

• 科研成果：发表 SSCI/SCI 论文（如经济学模型、社会学田野调查等）。

2.彰显课外活动与领导力。

● 学术深度：创办学术期刊（如高中生经济学期刊）、开展独立研究项目（如用博弈论分析教育公平）。

● 社会影响力：发起全国性公益组织（如法律援助平台）、政策倡议（如推动地方环保立法）。

3.体现跨学科能力。

融合人文与科技（如用人工智能分析古典文学传播）、艺术与社科（如纪录片拍摄弱势群体）。

四、专家观点与建议

1.体现学科深度。

芝加哥大学以"理论驱动"闻名，偏好学生在某一领域（如经济学、哲学、数学）有深入研究。

2.在文书写作中体现批判性思维挑战。

● 芝加哥大学以"古怪文书题目"著称（如"Find X"），需展现独特视角与思辨能力。

● 提交补充写作样本（如哲学论文、经济模型分析等）可显著提升竞争力。

3.表现跨学科视野。

● 芝加哥大学核心课程（Core Curriculum）强调通识教育，申请者需展示跨领域兴趣（如"量子物理 + 诗歌创作"）。

五、研究生录取综合指标

芝加哥大学在读中国学生为 1300 人左右，是以学术深度与严谨风格著称的一所学术强校。芝加哥大学以 "学术顶尖 + 理论深度" 为核心标准，尤其青睐在经济学、计算机、公共政策等领域具有"学院派"研究潜力的申请者。

指标	具体要求
GPA	硕士：3.6+/4.0（国内本科均分 88+/100）；博士：3.9+/4.0（专业核心课接近满分）
标化考试	GRE：330+（Quant 168+，写作 4.0+） 语言：托福 105+/ 雅思 7.5+（单项 ≥ 7.0）

续表

指标	具体要求
院校背景	国内本科：清华大学、北京大学、复旦大学、上海交通大学、浙江大学、中国科学技术大学、中国人民大学等占比为 70% 美国本科：TOP 30 占比约为 25%

资料来源：根据学校官网数据整理统计。

普林斯顿大学

普林斯顿大学是美国常春藤大学之一，连续 14 年为 U.S.News 大学排名第一。普林斯顿大学对中国本科生的录取以学术深度和个性化成长路径为核心标准，申请者需在顶尖学术能力基础上，展现独立研究潜力与人文社会关怀的平衡。

一、录取数据

普林斯顿大学官网数据显示，2024 年总录取人数：1366 名新生，录取率为 5.7%，女生占比为 51%，男生占比为 49%，家庭第一代大学生比例为 17%。普林斯顿大学国际学生占全校学生总数的 12%~15%（本科生 + 研究生），总学生数约 8500 人。其中中国学生共有 500 多名。

二、中国学生录取数据

据不完全统计，2025 年普林斯顿大学录取中国学生 9 人，2024 年录取中国学生总计 17 人。

三、中国学生录取标化成绩

SAT 中位数：数学 780~800 分，阅读和写作 760~780 分。

ACT 成绩中位数：综合 34~35 分。

AP 课程考试 5 分科目至少 5~10 门以上（普林斯顿大学对学术深度要求

极高），录取学生中 AP 课程十几门乃至二十几门 5 分的大有人在。

四、中国学生录取背景

1. 学术过硬：国际奥赛奖牌（如 IMO、IPhO）、顶尖科研项目（如 STS 决赛入围、丘成桐科学奖）。

2. 领导力与社会贡献：重量级公益组织创始人、跨文化学术交流项目主导者（如气候变化倡议，通过数学建模解决公共卫生问题）。

3. 艺术与人文成就：普林斯顿大学重视人文素养，部分录取者拥有文学出版、古典音乐演奏或艺术展览经历。

五、专家观点与建议

1. 体现学术研究深度：聚焦 1~2 个学科领域，通过长期研究项目（而非短期竞赛）体现专注力。

2. 了解普林斯顿大学的教学优势及文化：在文书中强调对"小而精"学术社区的兴趣（如跨学科课程设计、导师制优势等）。

3. 体现人文素养，尤其是申请理工专业方向时。

六、研究生录取综合指标

虽然作为 U.S. News 排名第一的普林斯顿大学在中国录取的本科人数非常少，但作为一个近 300 年历史的老牌名校，研究生的录取人数要远远高于本科生录取人数，普林斯顿大学研究生院有 550 多名中国学生，在研究生阶段实现普林斯顿梦想，并非遥不可及。

考试类型	成绩要求
GPA	硕士：3.9+/4.0（国内本科均分 90+/100）；博士：3.9+/4.0
GRE/GMAT	GRE 335+（Quant 170，写作 5.0+），部分人文社科可免但竞争力不足
语言成绩	托福 110+（单项 ≥ 28）或雅思 8.5+（单项 ≥ 8.0）

资料来源：根据学校官网数据整理统计。

耶鲁大学

耶鲁大学对中国本科生的录取以学术深度、社会影响力与人文素养为核心标准，成功者需在顶尖学术基础上，通过独特叙事展现与耶鲁大学价值观的契合。

一、中国学生录取数据

据不完全统计，2025 年耶鲁大学录取了 20 名中国学生（含海外高中），2024 年录取了 25 名中国学生，2023 年录取了 17 名中国学生。

二、中国学生录取背景

1.学术活动背景。

● 文科生：发表人文类论文（如历史研究、文学评论等）、获国家级辩论赛冠军（如 NSDA 全国赛）。

● 理科生：国际奥赛奖牌（如 IMO、IBO）、顶尖科研项目（如 STS 决赛入围、ISEF 全球奖项）。

2.公益活动及兴趣类活动。

● 公益项目创始人（如乡村教育支持覆盖 1000+ 学生）、国际组织实习（如联合国儿童基金会）。

● 艺术成就：出版小说、举办个人画展或音乐专辑（耶鲁重视艺术与学术结合）。

三、专家观点与建议

1. 耶鲁大学偏爱个人成长与价值观探索（如通过社区服务重新定义公平），需避免模板化叙事。在文书中结合个人经历体现对"耶鲁精神"（如"Lux et Veritas""光明与真理"）的理解，通过独特叙事展现与耶鲁大学价值观的契合。

2. 在录取中，文科社科优势明显（如历史、政治学、心理学，女性研究），录取者需展现深度阅读与写作能力（如提交写作样本），耶鲁大学非常重视写作能力。

3. 理工科专业（STEM）申请者尽量结合人文关怀（如用数据分析解决社会不平等），并提高学科融合交叉能力。

四、研究生录取综合指标

耶鲁大学的中国研究生有 700 人左右，许多中国学生经过努力都有机会进入耶鲁大学就读。

耶鲁大学研究生录取以学术卓越性、研究创新性和社会贡献潜力为核心标准。申请者需在硬性指标（GPA、标化）基础上，通过跨学科叙事和深度学术匹配脱颖而出。

成绩要求：工科（如计算机、生物医学等）：3.8/4.0+（顶尖院校背景可放宽至 3.7+）。人文社科（如历史、政治学等）：3.7/4.0+，核心课程接近满分。法学院（JD/LLM）：TOP 5% 或年级排名前 3%。

标准化考试要求如下表所示。

项目类型	考试要求	平均分数（录取者）
文理学院	GRE	理工科：Quant 168+，Verbal 160+；人文社科：Verbal 165+，写作 5.0+
法学院	LSAT（JD）	172~175（全球前 1%）
管理学院	GMAT（MBA）	730~760（中位数 740）
医学院	MCAT（MD）	520+（99th percentile）
国际学生	托福 / 雅思	托福 110+（单项 25+）或雅思 8.0+

资料来源：根据学校官网数据整理统计。

政策变化：对于部分项目（如 GSAS 人文博士），GRE 转为可选项，但 GRE 高分仍具竞争力。

STEM 项目扩招：数据科学、生物统计等专业国际生名额增加（尤其中国学生的录取）。

约翰斯·霍普金斯大学

约翰斯·霍普金斯大学（JHU）以"医学/工程顶尖学术＋全球健康使命感"为核心筛选逻辑，录取者需在学科深度、科研实践、社会贡献三个方面表现卓越。毕业生凭借JHU在医疗健康领域的全球声誉，成为生物医药、公共卫生、医疗科技领域的领军者。

一、学校录取数据

JHU官网显示（下文数据来源相同），2025学年一共录取了2525名学生。2024年，JHU录取了2558人，较2023年录取人数（2403人）有所上升。据不完全统计，2025年录取中国学生92人，与2024年的98人差别不大。

二、中国学生录取数据

标化成绩：GPA普遍接近满分（3.9+/4.0），99%的学生高中排名前10%。录取学生SAT中位数为1510~1560，ACT中位数为34~35。

三、中国学生活动背景类型

1. 国际竞赛。

• 生物/医学：IBO（国际生物奥赛）奖牌、iGEM（国际基因工程机器大赛）金奖。

• 工程/计算机：ISEF（国际科学与工程大奖赛）全球奖项、Kaggle竞赛前1%。

2. 科研成果。

• 发表SCI论文（如生物医学领域）、参与大学实验室项目（如中国科学院、JHU暑期科研）。

• 展示与生物医学相关的跨学科实践：如结合生物医学与工程技术的低

成本医疗设备研发，或通过艺术与科技融合项目展现独特性。

3. 展现突出的领导力和可持续发展理念。

医学＋公益：创办罕见病关爱组织、参与偏远地区医疗支援项目。

四、专家观点与建议

1. 体现课程难度：选修高阶课程（如 AP 生物、AP 化学、多变量微积分），以增强竞争力。

2. 在科研与实践中，最好有医学相关经历：医院实习、医学研究助理（如癌症基因组学项目）。

3. 在文书写作中，需体现"改善人类健康"的使命感（如通过技术解决公共卫生问题）；社区服务需量化影响力（如发起公益项目覆盖超过 10000 人）。

4. 早申（ED）优势：JHU 的 ED 录取率约为常规轮（RD）的 2 倍（2023 年 ED 录取率约为 12%，RD 录取率约为 6%），建议目标明确者优先选择早申。

五、研究生录取综合指标

指标	具体要求
GPA	硕士：3.5+/4.0（国内本科均分 85+/100）；博士：3.8+/4.0（专业核心课成绩突出）
标化考试	GRE：325+（Quant 165+，医学／公共卫生可豁免） 语言成绩：托福 100+/ 雅思 7.0+（单项 ≥ 6.5）
院校背景	国内本科：70% 来自 985/211 高校（如北京大学、复旦大学、上海交通大学、浙江大学）；美国本科：TOP 50 占比约为 20%

资料来源：根据学校官网数据整理统计。

哥伦比亚大学

哥伦比亚大学（以下简称哥大）以"学术融合＋人文领袖"为核心逻辑，申请者需在学科深度、批判性思维、社会影响力三个方面达到顶尖水平。毕业生凭借哥大"纽约资源＋藤校光环"，成为金融、科技、媒体领域的全球领军者。

一、录取数据

哥大官网显示（以下数据来源相同），截至 2024 年秋季学期，哥大中国学生总数约为 3800 人，占全校国际学生的 45%，为美国藤校中中国学生规模最大的院校之一。

据不完全统计，2025 年哥大录取中国学生 29 人（含海外高中），2024 年录取中国学生 41 人，整体录取率仅为 3.85%。

二、中国学生录取标化成绩

1. GPA（未加权）：4.0/4.0（顶尖高中年级前 3%，如北师大实验中学、上海中学、南京外国语学校）。

2. SAT 1530~1580（阅读 760+）/ACT 35~36（数学 / 科学满分占比高）。

3. AP 课程 8~12 门（5 分率 ≥ 95%），IB 预估分 43+/45，A-Level 4A*（理科科目突出）。

三、中国学生录取背景

1. 竞赛与科研。

• 理工科突出的竞赛与奖项：IMO/IPhO/IOI 奖牌、ISEF 全球总决赛奖项、丘成桐科学奖全球前五。

• 科研成果：发表 SCI/SSCI 论文（如社会学田野调查、量子计算模型）、参与实验室项目（如中国科学院、清华 AIR）。

2. 课外活动与领导力。

• 学术深度：创办学术期刊（如高中生哲学杂志）、独立研究项目（如用机器学习分析古典文学）。

• 社会影响力：发起全国性公益组织（如教育平权平台）、政策倡议（如推动地方环保立法）。

• 国际视野：联合国青年代表、国际艺术展览策展人、跨国文化项目创始人。

四、专家观点与建议

1. 了解哥大内核：哥大以其"核心课程"（Core Curriculum）著称，偏好学生展现对西方经典文学、哲学、历史的深度理解。

2. 批判性思维与多元文化：哥大补充文书题目注重思辨（如"为何选择哥大核心课程？"），需结合个人经历与学术理论。

3. 文化包容性：体现跨文化经历（如少数民族文化保护、国际社区服务）。

4. 早申优势：哥大早申（ED）录取率约为常规轮（RD）的 2 倍（2023年 ED 录取率约为 10%，RD 录取率约为 3.9%），建议目标明确者优先选择早申。

五、研究生录取综合指标

指标	具体要求
GPA	硕士：3.5+/4.0（国内本科均分 85+/100） 博士：3.8+/4.0（专业核心课成绩突出）
标化考试	GRE：330+（Quant 168+，写作 4.5+） 语言成绩：托福 105+/ 雅思 7.5+（单项 ≥ 7.0）
院校背景	国内本科：清华大学、北京大学、复旦大学、上海交通大学、浙江大学、中国科学技术大学、人民大学等占比为 75%；美国本科：TOP 30 院校占比约为 20%

资料来源：根据学校官网数据整理统计。

加州大学洛杉矶分校

加州大学洛杉矶分校（UCLA）以"学术过硬 + 多元创新"为核心逻辑，录取者需平衡学科深度、跨领域实践、社会责任三个方面。在中国录取的生源主要集中在一线城市顶尖公立高中及知名国际学校，标化成绩和竞赛 / 科研成果是核心筛选指标。

一、录取数据

UCLA 官网显示，中国本科生总数约 2600 人，占国际本科生的一半，是该校最大的国际学生群体。UCLA 在 2024 年录取的中国本科生人数为 682 人（占国际新生的 49%），较 2023 年的 571 人增长 19.4%。

对比近 10 年的数据，UCLA 申请人数翻倍，录取率"腰斩"，中国学生面临更激烈的竞争。UCLA 的录取难度不亚于英国的牛津大学、剑桥大学，甚至难度更大。

二、中国学生录取标化成绩

GPA 普遍达 3.9+/4.0，AP/IB 课程需覆盖核心科目（如微积分、物理），IB 预估分的中位数为 43~45，AP 课程 6~8 门 5 分以上，A-Level A*A*A*（理科科目突出）（加州大学系永久取消 SAT）。

三、中国学生录取背景

1.领导力与公益：如创办环保组织、发起教育公平项目（如贫困地区图书馆建设），需量化成果（如服务人数、资金规模）。

2.跨学科创新：结合科技与人文领域（如 AI 与社会科学研究）或开发社会影响力项目（如低成本医疗设备研发）。

3.竞赛成果突出：ISEF 全球总决赛奖项、Kaggle 竞赛前 5% 等。

4.国家级艺术展演、NCAA 级别体育特长（如游泳、网球等）。

四、专家观点与建议

1.竞赛与科研：优先参与国际奥赛或顶尖科研项目（如 RSI@MIT），争取发表阶段性成果。

2.走差异化路径：结合兴趣与技术，如开发残障辅助设备，或通过艺术与科技融合项目展现独特性。

3.课外活动要体现社会影响力：发起长期公益项目（如教育公平、环保），需量化成果（如服务人数、资金规模）。

4. 主文书：围绕"学术好奇心"与"社会责任感"这一 UCLA 的精神，通过具体案例（如科研突破或公益成果）展现深度思考。

五、研究生录取综合指标

UCLA 中国研究生录取以"学术卓越 + 实践创新"为核心逻辑，尤其青睐在科技、商科、公共卫生等领域具备"高影响力成果"的申请者。毕业生凭借 UCLA 的地理优势（硅谷与好莱坞交汇）和学科资源，在科技、金融、学术领域表现卓越。建议申请者从科研、职业经历、文化适配三个方面精准规划，通过顶刊论文、名企履历、深度文书等方式展现竞争力。

指标	具体要求
GPA	硕士：3.5+/4.0（国内本科均分 85+/100）；博士：3.8+/4.0（专业核心课成绩突出）
标化考试	GRE：325+（Quant 165+，部分专业如计算机需 168+） 语言：托福 100+/ 雅思 7.5+（单项 ≥ 6.5）
院校背景	国内本科：70% 来自国内 985/211 高校（如清北复交、浙大、中科大等）； 美国本科：TOP 50 占比约为 20%

资料来源：根据学校官网数据整理统计。

纽约大学

纽约大学（NYU）以"多元化实践 + 城市资源整合"为核心逻辑，特别是 Stern 商学院和 Tisch 艺术学院竞争激烈。申请者需通过高辨识度的个人项目、对纽约文化的深度理解及精准的学术规划脱颖而出。

一、录取数据

NYU 官网显示，该校全球本科申请人数超 118000 人，2025 年整体录取率降至 8%（主校区约为 15%），创历史新低。热门学科竞争激烈，Stern 商学院（全美第 5）、计算机科学等专业录取率低于 5%，需"高标化 + 强背景"匹配。2025 年录取中国学生 610 人（含海外高中），2024 年则录取 780 人。

二、中国学生录取标化成绩

SAT 中位数区间 1480~1550，ACT 中位数为 33~35，托福普遍 100+（商学院要求 110+），GPA 中位数为 3.8（国际学生建议 3.9+）。

尽管实行 Test-Optional 政策[①]，但 78% 的录取者提交 SAT/ACT 成绩，SAT 数学中位数达 800 分（满分），接近藤校水平。

AP 课程修读 4~8 门且满分率高，热门学科（如计算机科学、金融）需数学与科学科目突出。

三、中国学生录取背景

除传统的科研与竞赛项目活动外，主要有以下类型：

1. 注重课外活动注重领导力与社会影响力，如创办公益组织、开发技术应用项目（如人工智能模型）等。

2. 明显的跨学科趋势："计算机 + 社会学""金融 + 环境科学"等专业组合逐渐增多。

3. 创业项目（如跨境电商年营收 50 万元 +）、投行 / 咨询实习（如中信证券、贝恩咨询公司）。

四、专家观点与建议

1. 课外活动体现个人特质：发起长期公益项目（如教育公平、环保），需量化成果（如服务人数、资金规模）。

2. 主文书：围绕"学术好奇心"与"社会责任感"，通过具体案例（如科研突破或公益成果）展现深度思考。围绕"Why NYU"体现对学校资源的深度了解（如提及教授研究方向、跨学院选修计划）。结合纽约国际化环境，阐述个人如何在此成长（如"在多元文化中重新定义身份认同"）。

3. 参与纽约大学关联项目（如 Stern 商学院暑期课程或工程学院科研营），

---

① 可选择提交政策（Test-Optional 政策）：学生在申请大学时自行决定是否提交标准化考试成绩。

积累学术履历。

五、研究生录取综合指标

纽约大学中国研究生录取以"职业导向 + 地缘优势"为核心逻辑，尤其青睐在金融、科技、艺术等领域具备"行业级经验"或"创新性成果"的申请者。毕业生凭借 NYU 的全球校友网络和纽约资源，在职业发展上占据显著优势。

指标	具体要求
GPA	硕士：3.3+/4.0（国内本科均分 85+/100） 博士：3.7+/4.0（专业核心课成绩突出）
标化考试	GRE：320+（商科需 GMAT 700+，工程 Quant 165+） 语言：托福 100+/ 雅思 7.5+（单项 ≥ 7.0）
院校背景	国内本科：60% 来自 985/211 高校（如清华大学、北京大学、复旦大学、上海交通大学、浙江大学、武汉大学） 美国本科：TOP 50 占比约为 25%

资料来源：根据学校官网数据整理统计。

密歇根大学安娜堡分校

密歇根大学安娜堡分校（UMich）以"学术卓越 + 社会贡献"为录取核心逻辑，生源集中于一线城市顶尖高中及国际学校，标化成绩和深度课外活动是关键筛选指标。申请者需在学术、领导力、跨学科创新三个方面均衡发展，通过高影响力项目和精准文书展现与 UMich 价值观的深度契合。

一、录取数据

UMich 官网显示，2024 年 UMich 共有 3991 名中国学生在读，其中本科生占比约为 49%（含转学生），研究生占比约为 51%。2024 年秋季学期，UMich 本科大一新生中仅有 51 名中国学生，较往年大幅减少。由于 UMich 与上海交通大学等合作项目（此项目现已停办）及美国转学制度，高年级中国学生占比显著更高。例如，大四在读中国学生达 660 人，占国际本科生总数的近一半。

二、中国学生录取标化成绩

录取学生 SAT 中位数为 1450~1540（阅读 700+，数学 780+），ACT 中位数为 33~35（理科满分占比高），GPA 普遍达 3.9+/4.0（顶级高中年级前 10%），AP 课程 8~10 门（5 分率≥90%），IB 预估分 40+/45，A-Level A*A*A*（理科突出）。

三、中国学生录取背景

1. 科研实践凸显学术潜力与能力：除传统的几大赛事外，发表 SCI/ 国际会议论文（如 AI、环境科学等领域），参与大学实验室项目。

2. 领导力及组织管理能力突出：如发起全国性公益项目（如乡村教育支持、环保科技应用），覆盖超过 3000 人；学生会主席、学术社团创始人（如编程俱乐部、模联）。

3. 突出的艺术 / 体育特长。

● 艺术：国家级音乐 / 美术奖项（如肖邦国际青少年钢琴赛）、独立策展经历。

● 体育：NCAA 级别竞技水平（如游泳、网球等）、省级以上赛事奖项。

4. 体现跨学科创新能力：结合技术与人文的项目（如开发 AI 辅助弱势群体工具、用数据分析解决社会问题）。

四、专家观点与建议

1. 在竞赛与科研上，优先参与国际奥赛或顶尖科研项目（如 RSI@MIT）。

2. 课外活动体现个人特质：结合兴趣与技术，如开发残障辅助设备或通过艺术与科技融合项目展现独特性。

3. 活动体现社会影响力：如发起长期公益项目（如教育公平、环保），需量化成果（如服务人数、资金规模）。

4. 文书注意围绕"学术好奇心"与"社会责任感"，通过具体案例（如科研突破或公益成果）展现深度思考。

五、研究生录取综合指标

UMich 以"学术严谨 + 实践创新"为研究生录取的核心逻辑，尤其青睐在工程、商科、公共政策等领域具备"科研突破潜力"或"行业级经验"的申请者。

指标	具体要求
GPA	硕士：3.5+/4.0（国内本科均分 85+/100） 博士：3.8+/4.0（专业核心课成绩突出）
标化考试	GRE：325+（工程 Quant 165+，商科需 GMAT 700+） 语言：托福 100+/ 雅思 7.0+（单项 ≥ 6.5）
院校背景	国内本科：65% 来自 985/211 高校（如清华大学、北京大学、复旦大学、上海交通大学、浙江大学、华中科技大学） 美国本科：TOP 50 占比约为 20%

资料来源：根据学校官网数据整理统计。

西北大学

西北大学在读本科生享有顶尖的学术资源与职业支持，但需应对高强度的学业竞争与气候挑战。中国学生普遍表现优异，尤其在 STEM 与传媒领域，就业与深造去向多元。

一、录取数据

西北大学官网显示，截至 2024 年 12 月，西北大学在读中国学生有 700 多人，在读的本科生不到 300 人。作为一所学术强校，西北大学的录取难度是藤校级。

国际学生整体录取率为 6%，中国学生录取率为 2%~5%（藤校级别竞争）。新闻传媒、表演艺术等特色专业录取率低于全校平均水平（1%~3%）；2025

年录取中国学生 66 人，与 2024 年的 64 人基本持平。

二、中国学生录取标化成绩

GPA：3.95+/4.0（顶尖高中年级前 5%）。SAT：1500~1560（阅读 730+，数学 780+）。ACT：34~35（理科满分占比高）。

申请西北大学的中国学生中 75%~85% 提交 SAT/ACT 成绩，SAT 1520+/ACT 34+ 占比显著；未提交标化者，可以国际竞赛奖项、顶尖科研、影响力大的领导力活动等补足（如 ISEF 全球奖等）。但在名校全面恢复提交 SAT 的前提下，强烈建议提交 SAT 分数。

三、中国学生录取背景

1. 学术深度优势：IMO/IPhO/IOI 奖牌、ISEF 全球总决赛奖项、丘成桐科学奖，以及人文社科类 John Locke 论文竞赛高奖、哈佛国际评论写作金奖、NEC 经济学挑战赛全球决赛。发表 SCI/ 国际会议论文（如心理学、材料科学等）、参与中国科学院、清华大学等实验室研究项目。

2. 突出的社区服务所体现的领导力与社会影响力。

• 社区服务：发起全国性公益项目（如教育平权、环保科技应用），覆盖人数超过 5000 人。

• 组织管理：学生会主席、学术期刊创始人（如高中生社会学杂志）、非营利组织联合发起人。

3. 突出的艺术 / 体育特长。

• 艺术：国家级音乐 / 戏剧奖项（如肖邦国际钢琴赛、乌镇戏剧节）、独立策展或原创作品集。

• 体育：NCAA 级别竞技水平（如游泳、击剑等）、省级以上赛事奖项。

四、专家观点与建议

1. 体现学术与人文平衡，即文理兼修（如理工科生选修 AP 文学课程、社科生参与数学竞赛）；突出跨学科思维，如融合专业与兴趣（如工程学生研究 AI 伦理、传媒学生分析科技政策）。

2. 了解并与西北大学的文化相契合：文书需体现"协作创新"精神（如团队项目领导力、跨文化合作经历等）。

3. 文书聚焦"Why Northwestern"：具体提及学院资源（如 Medill 的全球媒体实验室、McCormick 的创业中心等）。

五、研究生录取综合指标

西北大学以"学术深度＋职业导向"为核心逻辑，青睐在工程、商科、传媒等领域具备"顶尖科研成果"或"行业级实践经验"的申请者。毕业生凭借西北大学的全球声誉和芝加哥区位优势，在科技、金融、媒体行业中表现卓越。

指标	成绩要求
GPA	硕士：3.5+/4.0（国内本科均分 85+/100） 博士：3.8+/4.0
GRE/GMAT	GRE：325+（Quant 165+）， 商科需 GMAT 720+
语言成绩	托福 100+（单项 ≥ 23）或雅思 7.5+（单项 ≥ 7.0）

资料来源：根据学校官网数据整理统计。

卡内基梅隆大学

卡内基梅隆大学（CMU）以"技术硬核＋跨学科创新"为核心逻辑，生源集中于一线城市顶尖高中及国际学校。申请者需在学术竞赛、技术项目、跨领域融合三个方面深度突破，展现与 CMU"技术改变世界"理念的高度契合。

一、录取数据

CMU 官网显示，该校共有 691 名中国本科生在读，占国际本科生总数的 54.6%，以 STEM 方向为主：电子和计算机工程（168 人）、计算机科学（137 人）是热门专业，商业管理（105 人）、信息系统（81 人）次之。跨学科趋势明显，部分学生选择"统计与机器学习""数据科学 + 心理学"等组合专业。

2025 年 CMU 共录取中国本科生 159 名，较 2024 年的 127 名略有增加，占国际本科生总数的 46%。此外，通过转学或高年级项目入学的中国学生数量较多，2023/2024 学年在校中国本科生总数达 691 人（含大二至大四学生）。

二、中国学生录取标化成绩

SAT 中位数为 1540，ACT 中位数为 34~35，GPA 普遍接近满分（3.9+/4.0），46.9% 的学生 GPA 为 4.0。

三、中国学生录取背景

1. 硬核奖项，包括国际奥赛奖牌（IMO/IPhO/IOI 奖牌、ISEF 全球总决赛奖项、Kaggle 竞赛前 1%、RobotMaster 全球赛奖项、ACM-ICPC 区域赛金奖），部分学生参与国家级科研项目。

2. 科研实践类活动令人印象深刻，包括发表 SCI/ 顶会论文（如 AAAI、CVPR）、参与大学实验室项目（如清华 AI Lab），以及开源项目贡献（GitHub 高星项目，如开发 AI 工具或算法库）。

3. 跨学科创新：结合科技与人文领域（如 AI 与社会科学研究）或开发技术应用项目，工程与艺术的交叉学科研究。

四、专家观点与建议

1. 差异化路径体现个人特征：结合兴趣与技术，如开发残障辅助设备或通过艺术与科技融合项目展现独特性。

2. 公益活动彰显社会影响力：发起长期公益项目（如教育公平、环保），需量化成果（如服务人数、资金规模）。

3. 申请工程学院的学生需要展现数理能力（如竞赛奖项）和工程技术实践（如机器人项目）。

4. 目标确定的学生可以参与 CMU 关联项目（如工程学院科研营），积累学术履历。

五、研究生录取综合指标

CMU 以 "技术硬核 + 跨学科创新" 为核心逻辑，尤其青睐具备 "顶会论文 + 工业级项目" 的申请者。毕业生凭借 CMU 的全球声誉与校友网络，在科技、金融领域占据领先地位。

指标	成绩要求
GPA	硕士：3.6+/4.0（国内本科均分 88+/100） 博士：3.9+/4.0（专业核心课成绩顶尖）
GRE/GMAT	GRE 330+（理工科需满足 Quant 168+）， 商科交叉项目需 GMAT 720+
语言成绩	托福 105+（单项 ≥ 25）或雅思 7.5+（单项 ≥ 7.0）

资料来源：根据学校官网数据整理统计。

杜克大学

杜克大学以 "学术顶尖 + 社会影响力" 为核心逻辑，生源集中于一线城市顶尖高中及国际学校。申请者需在标化、深度活动、跨学科创新三个方面均衡突破，通过长期投入的社会项目和精准匹配的文书，展现与杜克大学 "知识服务社会" 使命的契合。

一、录取数据

杜克大学中国本科生的录取竞争日益激烈，录取率持续走低。据杜克大学最新统计，截至 2024 年 12 月，该校就读中国本科生 301 名，占国际本科生总数的约 39.6%。中国学生总数为 2811 人。2025 年，杜克大学共录取 43 名中国学生，其中女生 18 人，男生 17 人。2024 年同期，杜克大学录取中国学生 40 人。

中国本科生就读专业如下：跨学科研究（151 人），文理与人文科学（145 人），计算机与信息技术（118 人），工程（109 人），社会科学（91 人）。

二、中国学生录取标化成绩

1. GPA：3.9+/4.0（顶尖高中年级前 5%），核心课程（如英语、数学、物理、化学）成绩需突出。

2. SAT/ACT：尽管杜克大学实行"标化可选"政策（Test-Optional），但录取学生中位数区间为 SAT 成绩 1520~1560（数学 780+，阅读 740+）、ACT 成绩 34~35（理科满分占比高），建议备考高分以增强竞争力。

3. 语言成绩：非英语母语者需提交托福（建议 110+）或雅思（7.5+）。

4. 其他：AP 课程 8~12 门（5 分率 ≥ 90%），IB 预估分 42+/45，A-Level A*A*A*（理科必选数学 / 物理）。

三、中国学生录取背景

1. 社区服务与社会进步推动者。

• 发起全国性公益项目（如乡村教育支持、环保科技应用），覆盖人数超过 3000 人。

• 学生会主席、学术期刊创始人（如高中生科学杂志）、非营利组织联合发起人。

• 政策倡导：推动地方立法（如青少年权益保护）、参与联合国青年论坛。

2. 突出艺术 / 体育特长。

• 艺术：国家级音乐 / 戏剧奖项（如肖邦国际钢琴赛、乌镇戏剧节）、独立策展或原创作品集。

• 体育：NCAA 级别竞技水平（如网球、游泳等）、省级以上赛事奖项。

3. 跨学科创新（占比为 5%）。

• 融合多领域技术解决社会问题（如开发 AI 医疗诊断工具）。

• 解决人类面临的重大问题，如纳米材料在癌症治疗中的应用。

四、专家观点与建议

1. 早申（ED）录取率（约为 12.8%）是常规轮的 3 倍以上，建议提前规划并在早申阶段提交申请。

2. 文书中需突出学术兴趣与独特性，回答杜克大学特定短文问题时需结合学校特色（如跨学科资源、社区贡献等）。

五、研究生录取综合指标

杜克大学以"学术严谨 + 社会责任感"为核心逻辑，青睐具备"顶尖学术成果"或"社会影响力实践"的申请者。毕业生凭借杜克大学的全球声誉和校友网络，在科技、金融、公共政策等领域表现卓越。

指标	成绩要求
GPA	硕士：3.4+/4.0（国内本科均分 85+/100） 博士：3.7+/4.0
GRE/GMAT	GRE 320+（Quant 160+），商科需 GMAT 700+
语言成绩	托福 100+（单项 ≥ 23）或雅思 7.0+（单项 ≥ 6.5）

资料来源：根据学校官网数据整理统计。

得克萨斯大学奥斯汀分校

得克萨斯大学奥斯汀分校（UT Austin）以"技术实践 + 产业关联"为核心逻辑，生源集中于理工科强势的顶尖高中。申请者需在标化成绩、技术项目、地域关联三个方面深度突破，通过高含金量竞赛 / 科研和精准匹配的文书，展现与 UT Austin "变革性创新"定位的契合。

一、中国学生录取数据

UT Austin 官网显示，该校每年本科录取的国际学生比例约为 9%（约 4000 人），中国学生是国际学生中的最大群体。根据最新数据，该校国际学生总数达到了 6175 人，其中中国学生为 1397 人。

二、中国学生录取标化成绩

1. GPA：未加权 GPA 为 3.8+/4.0（顶尖高中占比为 10%）。

2. SAT：1450~1550（中位数约为 1500，数学 750+，阅读 700+）。

3. ACT：32~35（Test-Optional 政策下提交比例下降，但高分仍具优势，STEM 专业数学 / 科学分数接近满分）。

4. 托福：100+（单项不低于 23）。

5. 其他：AP 课程 6~10 门（4 分率 ≥ 80%）；IB 预估分 38+/45；A-Level AAA（理科必选数学 / 物理）。

三、中国学生录取背景

1. 学术竞赛类型：物理 / 化学奥赛、商科竞赛（FBLA、DECA）等；USACO（USA Computing Olympiad）铂金级、AMC12/AIME 高分、HiMCM/MCM 建模奖项。

2. 科研背景提升类型：理工科学生常见发表论文或实验室经历。

3. 体现领导力：社团创始人、公益活动组织者、创业项目负责人等。

4. 社会实践：与得克萨斯州或科技行业相关的实践（如参与奥斯汀本地科技公司实习）。

5. 艺术：国家级数字媒体作品（如动画 /VR 设计）、独立音乐专辑或艺术展。

6. 体育：省级以上竞技奖项（如游泳、田径等）、校队主力成员（NCAA D1 级别）。

四、专家观点与建议

1. 突出 STEM 领域深度（如 Kaggle 竞赛、独立开发项目），商科需体现领导力（如创业、商业策划案）。

2. 回答 UT Austin 专属文书题目（如 "Why UT Austin" 需结合 UT Austin 的 "革新精神" 和得克萨斯州文化），展示对多元化和社区贡献的理解（如跨文化经历、公益项目）。

3. 转学路径：UT Austin 转学录取率（约为 30%）高于新生录取率（约为 12%）。

五、研究生录取综合指标

UT Austin 以"行业导向 + 实践能力"为核心逻辑，尤其在能源、计算机、工程等领域优势显著。毕业生凭借得克萨斯州产业资源与校友网络，在科技、能源、金融等行业表现突出。建议申请者结合 UT Austin 的地域产业优势与个人职业规划，突出技术落地能力与行业经验，同时灵活利用公立大学相对较高的录取率进行策略性申请。

指标	成绩要求
GPA	硕士：3.3+/4.0（国内本科均分 85+/100） 博士：3.7+/4.0
GRE/GMAT	GRE 315+（理工科需 Quant 160+），商科需 GMAT 680+
语言成绩	托福 90+（单项 ≥ 23）或雅思 6.5+（单项 ≥ 6.0）

资料来源：根据学校官网数据整理统计。

伊利诺伊大学厄巴纳—香槟分校

伊利诺伊大学厄巴纳—香槟分校（UIUC）以"学术实用主义 + 技术普惠"为核心逻辑，生源广泛覆盖公立高中与国际学校。申请者需在标化成绩、技术项目、社区影响力三个方面均衡发展，通过高性价比的实践成果和清晰的职业规划，展现与 UIUC"为公众服务"理念的契合。

一、录取数据

据 UIUC 官方统计，截至 2025 年 1 月，UIUC 共有 3052 名中国本科生在读，占全校国际本科生总数的 55.2%，创历史新高。2024 年共录取 671 名中国本科生，占国际本科生总数的 53.7%，是该校最大的国际生源群体，远超印度（5.2%）、韩国（3.2%）等其他地区。

二、中国学生录取标化成绩

1. SAT 中位数为 1400~1530（数学 750+，阅读 650+）、ACT 为 31~34（理工科数学 / 科学分数接近满分）。

2. GPA 普遍为 3.7~4.0（重点高中年级前 15%）。

3. AP 课程 5~8 门（4 分率 ≥ 80%）；IB 预估分 37+/45；A-Level 2A*1A（理科必选数学 / 物理）。

三、中国学生录取背景

1. 学术类活动。

• 理工科：USACO 白银 / 黄金级奖项、HiMCM/MCM 建模奖项、物理 / 化学奥赛省级以上奖项。

• 商科：FBLA 全国决赛、DECA 商业挑战赛获区域金奖。

• 科研实践：参与大学实验室或校企合作项目（如 AI 算法优化、环保材料开发）；发表论文或技术报告（如省级科技期刊、Kaggle 公开数据集分析）。

2. 领导力与社会影响力。

• 社区服务：组织 STEM 教育普及活动（如编程支教、乡村科学夏令营）。

• 创业实践：开发小型科技产品（如智能家居设备、校园资源共享平台）。

• 社团管理：学生会科技部长、学术社团创始人（如 AI 俱乐部）。

3. 艺术 / 体育特长。

• 艺术：国家级数字艺术设计奖（如 Adobe 设计大赛）、独立音乐作品或艺术展。

• 体育：省级以上竞技奖项（如羽毛球、游泳等）、校队核心成员。

4. 技术实践。

• 开发实用工具（如校园课程规划 APP、数据分析插件），用户量超过 1000 人。

四、专家观点与建议

1. 专业选择灵活性：直接申请热门专业（如 CS）竞争激烈，可考虑"数

学 +CS"双专业或"未定专业"路径。

2. 文书突出"技术普惠"：结合 UIUC 公立学校使命，展示技术如何服务社区（如开发残障人士辅助工具）。

3. 利用 UIUC 转专业政策：工程学院内部转专业需 GPA 3.5+，建议大一修完核心课程（如微积分、编程基础）。

五、研究生录取综合指标

UIUC 以"技术普惠 + 职业导向"为核心逻辑，尤其在工程、计算机、会计等领域优势显著。毕业生凭借 UIUC 的全球声誉和校友网络，在科技、金融行业中表现突出。

指标	成绩要求
GPA	硕士：3.2+/4.0（国内本科均分 80+/100） 博士：3.5+/4.0
GRE/GMAT	GRE 315+（理工科需 Quant 160+），商科需 GMAT 650+
语言成绩	托福 90+（单项 ≥ 20）或雅思 6.5+（单项 ≥ 6.0）

资料来源：根据学校官网数据整理统计。

加州大学圣迭戈分校

加州大学圣迭戈分校（UCSD）以"科研创新 + 产业联动"为核心逻辑，生源集中于理工科强势的顶尖高中及国际学校。申请者需在学术成绩、技术项目、跨学科实践三个方面深度突破，通过高含金量科研成果和清晰的加利福尼亚州产业关联，展现与 UCSD"为全球挑战提供解决方案"使命的契合。

一、录取数据

根据 UC 系统数据，UCSD 在 2024 年秋季录取的国际新生中，中国学生人数从 2023 年的 810 人增至 901 人，占比从 41% 提升至 46%。在全部国际学生中，UCSD 是加州大学系统（UC System）中录取中国学生最多的校区之一，2024 年共录取 4893 名国际学生，其中中国学生占比较高。

由于近年来 UCSD 的学术水平一再提升，申请竞争激烈，UCSD 的国际学生录取率约为 22.4%，远低于部分其他加州大学分校（如加州大学戴维斯分校的 51.5%），但高于伯克利分校（UCB）（3.4%）和洛杉矶分校（UCLA）（6.3%）。

二、中国学生录取标化成绩

SAT 中位数为 1480~1550，ACT 中位数为 33~35，托福 100+（最低要求）。未加权 GPA 普遍达 3.9+/4.0（高中 TOP 10%），IB 需 38+/43，AP 课程需 5~8 门（4 分以上），A-Level A*A*A*（含数学）。

STEM 专业（工程、计算机科学、生物）：录取学生 GPA 中位数为 3.9+/4.0（对应年级前 5%），热门专业（如 CS）需接近 4.0；数学 / 科学课程成绩尤为关键（如微积分、物理、化学需 A/A+）。

三、中国学生录取背景

1. 学术类活动。

● 理工科：USACO 黄金 / 铂金级奖项、iGEM 合成生物学全球决赛、HiMCM 建模一等奖。

● 社科：NEC 经济学挑战赛全球决赛、MIT 模拟联合国杰出代表奖。

● 科研实践：参与高校 / 企业实验室项目（如中国科学院生物所、华大基因）；发表论文或技术报告（如省级期刊、Kaggle 竞赛 TOP 10%）。

2. 领导力与社会影响力。

● 社区服务：发起科技公益项目（如 AI 医疗诊断工具开发、海洋环保数据平台开发）。

● 创业实践：科技初创项目（如生物传感器设计、碳中和数据分析）。

3. 艺术与体育类：国家级数字媒体作品（如交互式装置艺术）、独立纪录片制作；省级以上竞技奖项、校队核心成员（NCAA 级别）。

四、专家观点与建议

1. 在活动中强化"学术深度 + 技术应用",体现解决实际问题的能力(如开发开源工具优化公共健康数据)。

2. 跨学科创新是趋势,展示"工程 + 生物""数据 + 社会科学"等交叉领域探索。

3. 与加利福尼亚州产业相吻合:强调与圣迭戈生物医药、硅谷科技生态的关联。

4. UCSD 的 Personal Insight Questions(8 选 4)需具体展示"学术热情"与"社区贡献"。

五、研究生录取综合指标

UCSD 以"技术驱动 + 产业协同"为核心逻辑,尤其在计算机工程、生物医药、数据科学领域优势显著。毕业生凭借 UCSD 的产学研资源与地域优势(圣迭戈生物科技、硅谷辐射圈),在科技、医药行业表现卓越。

指标	成绩要求
GPA	硕士:3.3+/4.0(国内本科均分 85+/100) 博士:3.6+/4.0
GRE/GMAT	GRE 320+(理工科需 Quant 165+),部分项目(如全球政策学院)需 GMAT 650+
语言成绩	托福 90+(单项 ≥ 22)或雅思 7.0+(单项 ≥ 6.5)

资料来源:根据学校官网数据整理统计。

华盛顿大学西雅图分校

华盛顿大学西雅图分校(UW Seattle)以"技术公益 + 地域关联"为核心逻辑,生源集中于理工科突出的高中。申请者需在学术成绩、技术项目、社区影响力三个方面均衡发展，通过高含金量竞赛 / 科研和精准匹配的文书，展现与 UW Seattle "为公众利益创新"使命的契合。

一、录取数据

根据华盛顿大学发布的国际学生数据，2024 年秋季共有 7808 名国际学生注册在读，其中中国本科生 2750 人，占国际本科生总数的 51.75%，是国际学生中最大的群体。

从录取率上看，国际学生整体录取率为 44%（非华盛顿州居民为 51%）。

中国本科生主要选择文理学院（1129 人）、工程学院（607 人）和商学院（194 人）。热门专业如计算机科学录取率低于 5%，学生需平衡高 GPA 与科研 / 实习。

二、中国学生录取标化成绩

1. GPA 中位数为 3.73~3.96（满分 4.0），对应国内百分制 93~99 分。

2. 语言成绩：托福最低 76 分（推荐国际生 92+），雅思 6.5（推荐 7.0+），多邻国 105 分（推荐 120+）。

3. IB 需 36+/45；AP 课程 5~8 门（4 分以上）；A-Level 2A*（含数学）。

4. 竞赛与活动：部分学生通过高含金量竞赛（如奥赛）或科研项目提升竞争力。

三、中国学生录取背景

1. 学术与科研活动突出：USACO 黄金级奖项、Kaggle 竞赛前 10%、全国青少年信息学奥林匹克竞赛（NOIP）奖项、FBLA 全国决赛、DECA 商业挑战赛区域金奖。

2. 科研实践类：参与大学实验室或校企合作项目（如 AI 算法优化、环保材料开发），发表技术报告或开源代码（如 GitHub 高星项目）。

3. 社区服务：发起科技公益项目（如编程支教、智慧城市数据分析），组织环保活动（如海洋塑料污染治理、碳足迹追踪平台）。

4. 创业实践：科技初创项目（如教育类 APP 开发、智能硬件设计等），获用户增长或投资。

四、专家观点与建议

1. 该校计算机专业全美名列前茅，直接申请计算机科学竞争激烈，可考虑"信息学 + 统计学"组合专业或"未定专业"路径。

2. 文书聚焦"西北精神"：结合 UW Seattle 的公益导向（如"为公众利益而创新"），展示技术解决社会问题的案例；提及学校资源（如保罗·艾伦计算机学院、华盛顿湖环境研究中心）。

3. 属地化关怀在申请此校时有帮助：参与西雅图本地企业实习（如微软、亚马逊、波音），研究太平洋西北地区社会议题（如气候变化、原住民文化保护）。

五、研究生录取综合指标

UW Seattle 以"技术驱动 + 产业协同"为核心逻辑，尤其在计算机科学、工程、数据科学领域优势显著。毕业生凭借华盛顿大学的产学研资源与西雅图区位优势，在科技、金融行业表现突出。

指标	成绩要求
GPA	硕士：3.3+/4.0（国内本科均分 85+/100） 博士：3.7+/4.0
GRE/GMAT	GRE 315+（理工科需 Quant 160+），商科需 GMAT 680+（部分项目 GRE Optional）
语言成绩	托福 92+（单项 ≥ 20）或雅思 7.0+（单项 ≥ 6.5）

资料来源：根据学校官网数据整理统计。

布朗大学

布朗大学以"思想深度 + 社会关怀"为核心逻辑，偏爱具有学术自主性、跨学科探索精神及社会革新意识的申请者。申请者需通过高难度课程、独特个人项目及深度文书反思，展现与布朗"自由与责任"理念的契合，同时直面极低录取率的现实挑战。

一、录取数据

布朗大学官网显示，2024 年布朗大学在校本科生约为 2500 人，其中国际学生占比为 12%，中国学生是最大的国际学生群体之一。布朗大学的中国本科生有 156 人。平均每届录取中国学生 39 人左右。2024 年布朗大学全年总共录取了 2560 名本科生，整体录取率为 5%，较 2023 年下降了 0.3 个百分点；国际学生占录取总人数的 14%（约 360 人），中国学生被录取了 25 人。近年来，中国申请者数量快速增长，但录取人数保持稳定（30~40 人 / 年）。

二、中国学生录取标化成绩

1. GPA：3.9+/4.0（年级 10%）。

2. 标化考试：托福中位数为 115；SAT 中位数为 1540（阅读 750~780，数学 770~800）；ACT 成绩 34~35（单项 ≥ 33）；数学单科满分优先。

3. IB 需 42+/45，HL 科目成绩要求为 7 分（文科 + 理科组合），EE（Extended Essay，拓展性论文）评分等级为 A；AP 多门文科理科混合（如 AP 课程 8 门 +，4 分率 ≥ 90%）。

三、中国学生录取背景

除传统的理工竞赛项目外，以下类型较为常见。

1. 深度研究项目：独立课题研究（如 AI 伦理论文、发展中国家经济模型），发表至省级以上期刊或会议；参与顶尖夏校（如 SSHI、RSI[①]）并产出高质量成果。

2. 公益创新：发起可持续项目（如乡村女性编程教育、难民儿童语言帮扶），覆盖人群超过 500 人。

---

① SSHI（Stanford Summer Humanities Institution）为斯坦福人文夏校，RSI（Research Science Institution）为 MIT 科研夏校。

3. 文化传播：跨文化平台（如非遗保护纪录片、少数民族语言数字档案库）。

4. 艺术 / 领导力：国家级展览 / 演出（如独立动画入选电影节、原创音乐专辑发布）。

5. 体育类：省级以上竞技奖项（如击剑、马术等）、小众运动深度参与（如极限飞盘队长）。

四、专家观点与建议

1. 呈现出学术探索与跨学科精神：布朗大学以"开放课程体系"（Open Curriculum）著称，偏好学生展示自主学习能力和跨学科兴趣（如"计算机 + 哲学""经济学 + 环境科学"）。

2. 表现批判思维：关注解决社会问题的深度实践（如教育公平、气候变化），而非单纯竞赛 / 科研堆砌。

3. 文书凸显"布朗特质"：结合开放课程，阐述学术自主性（如自主设计课程组合）；用具体故事展示对社会问题的长期关注（如三年持续参与性别平等行动）。

4. 布朗大学 REA 录取率为 15%~20%（高于常规轮的 3%~5%），适合明确首选布朗大学的申请者。

五、研究生录取综合指标

布朗大学以"学术卓越 + 社会关怀"为核心逻辑，尤其在计算机科学、生物医学工程、公共卫生等领域竞争激烈。申请者需在顶尖科研能力基础上，展现跨学科视野与社会责任感。

指标	成绩要求
GPA	硕士：3.5+/4.0（国内本科均分 88+/100） 博士：3.8+/4.0
GRE/GMAT	GRE 325+（理工科需 Quant 168+），部分人文社科项目可免 GRE
语言成绩	托福 105+（单项 ≥ 25）或雅思 8.0+（单项 ≥ 7.5）

资料来源：根据学校官网数据整理统计。

宾夕法尼亚州立大学

宾夕法尼亚州立大学（Penn State）以"学术扎实＋实践导向"为核心逻辑，对标化成绩要求较为宽松，但热门专业（工程、计算机）竞争激烈。建议申请者通过学科相关活动、清晰的学业规划及分校区策略提升录取成功率。

一、录取数据

Penn State 官网显示，2024 年 Penn State 总招生人数达到 88000 人，较 2023 年增长 1.2%，其中主校区 University Park 的新生人数为 9200 人，约 58% 为宾夕法尼亚州本地学生，中国学生为主要群体之一。学校录取竞争激烈，国际学生整体录取率为 54.2%，但计算机科学、工业工程等热门专业录取率低于 5%。

中国本科生录取情况：虽未公布具体数据，但结合往年中国学生占比及申请趋势推测，2024 年中国本科生录取人数为 200~300 人，部分学生通过"2+2"分校转主校区项目入学。

二、中国学生录取标化成绩

托福最低要求 80 分（单项 ≥ 20），雅思最低要求 6.5 分，实际录取安全线建议托福 90+ 或雅思 7.0+；SAT 中位数为 1370~1420（数学 650+，部分热门专业要求更高），ACT 中位数为 28~32。本科申请建议 GPA 3.3+，理工科 / 商科热门专业（如工程、计算机科学）需 3.7+。

三、中国学生录取背景

1. 理工科申请者：竞赛奖项（如 AMC12 前 5%、全国物理竞赛省级奖），科研项目经历（如机器人设计、小程序开发）。

2. 商科申请者：商业竞赛（DECA/FBLA 区域奖项）、创业实践（如校园电商项目）。

3. 其他：社区服务（200 小时 +，如乡村教育支持、环保活动），跨文化经历（国际交流、多语言能力）。

四、专家观点与建议

1. 对于没有充分准备的学生，在申请时要意识到，主校区（University Park）竞争激烈，分校区（如 Harrisburg、Erie）录取门槛较低，可通过"2+2 计划"转入主校区。SAT 数学 700+/ACT 数学 30+ 建议提交，语言成绩未达标者可申请有条件录取（需读语言课程）。

2. 文书突出"实践能力"与"团队合作"（如工程团队项目、商业案例分析）。

五、研究生录取综合指标

Penn State 以"实践导向 + 产业对接"为核心逻辑，尤其在工程、供应链管理、计算机科学等领域对职业经验和技术能力要求较高。申请者需在行业项目经验、量化成果展示及职业目标匹配三个方面重点突破，同时合理利用 Penn State 的产学研资源网络提升竞争力。

指标	成绩要求
GPA	硕士：3.0+/4.0（国内本科均分 80+/100） 博士：3.5+/4.0
GRE/GMAT	GRE 310+（理工科需 Quant 155+），商科需 GMAT 620+
语言成绩	托福 80+（单项 ≥ 20）或雅思 6.5+（单项 ≥ 6.0）

资料来源：根据学校官网数据整理统计。

普渡大学

普渡大学以"理工科导向 + 实践能力"为核心逻辑，工程学院和计算机科学专业竞争尤为激烈。申请者需通过高含金量竞赛 / 项目、清晰的学术规划及标化成绩优势提升录取概率，同时合理利用分校区转学政策降低申请难度。

一、录取数据

据不完全统计，2024 年秋季，普渡大学仅录取了 14 名中国本科新生，创历史新低。这一数字与 2013 年的 718 名中国新生相比，缩水了约 98%，反映出该校对中国本科生的招生规模急剧缩减。据普渡大学官网显示，中国本科生数量从 2013 年的 3004 人锐减至 2024 年的 747 人，降幅达 75%。2024 年在读中国本科生总人数为 1030 人（含转学生），但仍远低于历史峰值。值得注意的是，普渡大学的中国研究生人数相对稳定，但本科生占比从 10 年前的近 50% 降至目前的不足 5%。

普渡大学的中国本科生录取已从"保底校"转变为高竞争领域，其理工科声誉与性价比仍具吸引力，但需申请者以更高的标化成绩和差异化背景突围。

二、中国学生录取标化成绩

近年来，普渡大学的标化成绩门槛普遍提高。理工科申请者需满足 SAT 成绩 1500+（数学满分优先）、ACT 成绩 34+，托福成绩 100+；文科类可适当放宽，但仍需保持竞争力。计算机专业要求 SAT 成绩 1490~1560、ACT 成绩 33~35，远超其他学科。

三、中国学生录取背景

1. 理工科申请者：全国中学生物理 / 化学竞赛省级奖项、机器人竞赛奖项（如 FRC）；独立开发 APP、参与大学实验室课题（如纳米材料研究）。

2. 商科 / 社科申请者：校园商业团队负责人、非政府组织筹款活动（如筹集 10 万元以上）。

3. 其他：社区服务（100 小时 +，如 STEM 教育推广）。

四、专家观点与建议

1. 专业选择如未作充足准备，应避开大热门专业（如计算机工程），选择数据科学、环境工程等竞争稍低的领域。

2. 公益活动：发起教育公平类、环保类公益项目，并量化成果（如服务人数、资金规模）。

3.体现跨学科创新：如开发残障辅助设备或结合 AI 与生物医学研究，展现独特性和解决问题的能力。

五、研究生录取综合指标

普渡大学以"技术实践＋行业应用"为核心逻辑，尤其在工程、计算机科学、数据科学领域对技术能力和项目经验要求严格。申请者需通过行业相关成果、量化技能证明及清晰的职业规划展现与普渡产学研资源的匹配度。

指标	成绩要求
GPA	硕士：3.0+/4.0（国内本科均分 80+/100） 博士：3.5+/4.0
GRE/GMAT	GRE 315+（理工科需 Quant 160+），商科需 GMAT 650+
语言成绩	托福 80+（单项≥ 20）或雅思 6.5+（单项≥ 6.0）

资料来源：根据学校官网数据整理统计。

第 2 章　加拿大进入 2025 年 QS 排名前 100 的大学

大学名称	2024 年 QS 排名	2025 年 QS 排名	优势学科（QS 学科全球排名）	核心特色
多伦多大学	21	25	医学（前 10）、计算机科学（前 15）、金融学	加拿大顶尖综合性大学，人工智能三巨头之一（与 Geoffrey Hinton 实验室合作）
麦吉尔大学	31	29	医学（前 20）、法学（前 30）、生命科学	北美"常春藤"级研究型大学，英法双语教学，加拿大诺贝尔奖得主最多院校
英属哥伦比亚大学	34	38	环境科学（前 5）、地理学（前 10）、林业	西海岸科研重镇，气候研究全球领先，温哥华区位优势（科技与影视产业聚集）
阿尔伯塔大学	111	96	石油工程（前 10）、人工智能（前 50）	加拿大能源研究核心，主导油砂开采与碳捕集技术（CCUS）开发

资料来源：根据 QS 官网数据整理统计。

多伦多大学

多伦多大学以"学术扎实 + 实践多元"为核心逻辑，主校区热门专业竞争激烈，分校区提供灵活路径。申请者需通过高均分、学科竞赛奖项及精准的校区 / 专业策略提高成功率，并注重通过附加材料（如工程申请）展现独特性。

一、录取数据

指标	数据 / 特点
申请人数	全球约 95000 人（国际申请者占比为 25%，中国学生申请量约 12000 人）
总录取人数	约 15000 人（整体录取率为 15.8%，国际学生录取率为 12%~15%，热门专业，如计算机科学、Rotman 商学院录取率低于 10%）
中国学生录取人数	每年 1500~2000 人（含主校区、士嘉堡校区、密西沙加校区）
标化成绩政策	Test-Optional 政策，但建议提交 SAT/ACT（主校区热门专业竞争力较强者需提交）
GPA 分布	高中均分 90%+（主校区工程 / 计算机科学需 93%+）
语言成绩	托福 92+（写作 ≥ 22）/ 雅思 6.5+（单项 ≥ 6.0），商科 / 工程建议托福 100+/ 雅思 7.0+

资料来源：根据学校官网数据整理统计。

二、中国学生录取标化成绩

1. 高考：需一本线以上（如满分 750 分，建议 600 分 +，工程 / 计算机需 620 分 +）。

2. A-Level：需 AAA-AAA（数学 / 物理等高阶科目需高分）。

3. IB：需 38+/45（HL 科目需 6~7 分，数学 AA/ 物理 HL 建议 7 分）。

4. 语言要求：托福总分 92+（写作 ≥ 22）或雅思总分 6.5+（单项 ≥ 6.0）。

三、中国学生录取背景

1. 竞赛奖项：AMC12（前 5%）、BPhO（金奖）、HiMCM（一等奖）。

2. 科研经历：发表论文（如 SCI 期刊二作）、实验室实习（如中国科学院项目）。

3. 实践项目：科技公司实习（如华为、阿里巴巴）、社会创新项目（如公益组织创始人）。

四、专家观点与建议

1. 理科生：强化高阶课程（如 AP 微积分 BC、物理 C）；商科生选修经济、统计课程，参与 DECA 商业竞赛。

2. 适当的背景提升。

- 数学：AMC12（前 1% 晋级 AIME）、Euclid（前 25%）。
- 计算机：Kaggle（银牌以上）、CCC（加拿大计算机竞赛）。

3. 科研与实习，如联系大学教授参与暑期科研（如多伦多大学的 Research Opportunities Program）。商科专业可进入四大会计师事务所 PTA（远程实习）、校园创业项目。工程专业可参加机器人竞赛（FRC）、开源社区贡献（GitHub 项目）。

五、研究生录取综合指标

多伦多大学以"学术扎实 + 职业导向"为核心逻辑，尤其在工程、商科及交叉学科领域，对实践能力与行业适配性要求较高。申请者需通过清晰的职业规划、复合型技能及地域资源整合提升竞争力，并利用多伦多大学在加拿大的产学研网络（如 MaRS 科技创新中心）强化就业优势。

考试类型	硕士要求	博士要求
GPA	3.3+/4.0（均分 80+）	3.7+/4.0（均分 85+）
GRE/GMAT	部分专业要求（如商科需 GMAT 650+）	理工科建议 GRE 315+
语言成绩	托福 93+/ 雅思 7.0+	同硕士要求

资料来源：根据学校官网数据整理统计。

麦吉尔大学

麦吉尔大学以"学术扎实 + 实践能力"为核心逻辑，尤其在商科、工程和计算机领域偏好成绩优异且具备行业洞察力的学生。建议申请者通过高均分成绩、针对性竞赛成果及社会服务项目提升竞争力，并提前规划法语学习（蒙特利尔双语环境加分）。

一、录取数据

指标	数据 / 特点
申请人数	全球约 45000 人（国际申请者占比约为 30%，中国学生申请量约 5000 人）
总录取人数	约 6000 人（整体录取率为 13%，国际学生录取率为 8%~10%）
中国学生录取人数	每年 300~450 人（含新生直录，商科、工程、计算机科学为主）
标化政策	Test-Optional 政策，但建议提交 SAT/ACT（录取者中位数：SAT 1400~1500，ACT 30~33）
GPA 分布	高中均分 90+/100（重点中学学生需均分 92+，普通中学需 95+）
语言要求	托福 90+（单项 ≥ 21）或雅思 6.5+（单项 ≥ 6.0）

资料来源：根据学校官网数据整理统计。

二、中国学生录取标化成绩

1. 高考：需一本线以上（如满分 750 分，建议 650 分 +，医学 / 法学需 670 分 +）。

2. A-Level：需 AAA-AAA（理科需数学 / 物理 A，文科需历史 / 英语 A）。

3. IB：需 38+/45（HL 科目需 6~7，医学预科需生物 / 化学 HL 7）。

4. 语言要求：托福 90+（单项 ≥ 21）或雅思总分 6.5+（单项 ≥ 6.0）。

5. 法语加分项：部分专业（如魁北克省法学）需法语 B2 水平（DELF/TCF 成绩）。

三、中国学生录取背景

1. 竞赛奖项：BPhO（物理奥赛金奖）、IBO（生物奥赛）、NEC（经济挑战赛 DR 组别）。

2. 科研经历：医学实验室实习（如三甲医院）、法学模拟法庭（Jessup 国际赛）。

3. 社会贡献：国际义工（如无国界医生项目）、魁省本地社区服务（法语活动组织者）。

四、专家观点与建议

1. 学术过硬：理科需满分或接近满分，数学 / 物理 / 化学需接近满分（如 A-Level 数学 A、IB HL 物理 7 分）；文科需具有批判性思维与写作能力。

2. 法语加成：基础法语能力显著提升竞争力（尤其是法学 / 医学）。

3. 精准定位：利用麦吉尔在医学 / 法学领域的全球声誉，规划长期职业路径。

五、研究生录取综合指标

麦吉尔大学以"学术严谨性 + 社会影响力"为核心逻辑，医学、工程及商科领域对科研深度与行业经验要求较高。申请者需通过扎实的学术基础、本地化实践经历及清晰的职业规划展现竞争力，并善用魁北克省双语优势与产业资源。

考试类型	成绩要求
GPA	硕士：3.0+/4.0（部分热门专业需 3.3+） 博士：3.5+/4.0
GRE/GMAT	理工科：GRE 310+（Quant 160+） 商科：GMAT 650+（MBA 建议 700+）
语言成绩	托福 90+（单项 ≥ 20）或雅思 6.5+（单项 ≥ 6.0）

资料来源：根据学校官网数据整理统计。

英属哥伦比亚大学

英属哥伦比亚大学（UBC）以"学术硬实力＋社会影响力"为核心逻辑，商科、工程及计算机科学领域竞争尤为激烈。申请者需通过高均分成绩、深度实践项目及与 UBC 价值观契合的个人叙事脱颖而出。

一、录取数据

指标	数据 / 特点
申请人数	全球约 58000 人（国际申请者占比约为 30%，中国学生申请量约 8000 人）
总录取人数	约 12000 人（整体录取率 20.7%，国际学生录取率 15%~18%）
中国学生录取人数	1200~1800 人（含温哥华校区和奥肯那根校区，商科 / 工程占比最高）
标化政策	Test-Optional 政策（SAT/ACT 非强制，但热门专业建议提交高分）
GPA 分布	高中均分 88%+（温哥华校区商科 / 工程需 92%+）
语言成绩	托福 90+（单项 ≥ 22）或雅思 6.5+（单项 ≥ 6.0），商科建议托福 100+/ 雅思 7.0+

资料来源：根据学校官网数据整理统计。

二、中国学生录取标化成绩

1. 高考：需一本线以上（如满分 750 分，建议 600 分 +，商科 / 工程需 620 分 +）。

2. A-Level：需 AAB-AAA（数学 / 物理等高阶科目需高分）。

3. IB：需 34+/45（HL 科目需 5~6 分，商科需数学 AA HL 6 分）。

4. 语言要求：托福总分 90+（单项 ≥ 22）或雅思总分 6.5+（单项 ≥ 6.0）。

三、中国学生录取背景

1.学术类活动。

• 竞赛奖项：AMC12（前 15%）、Envirothon（环保竞赛）、DECA 商业竞赛。

• 科研经历：环境科学相关项目（如气候研究）、计算机领域开源贡献（GitHub 项目）。

2.社会公益活动：可持续发展倡议（如校园碳中和项目）、社区志愿服务（如原住民文化支持项目）。

四、专家观点与建议

1.学术扎实：理科 / 商科需成绩顶尖，环境科学需生态实践。

2.价值观契合：突出可持续发展、社区贡献（如原住民文化支持）。

3.职业导向：通过带薪实习（CO-OP）经历展现就业潜力。

4.个人陈述抓住主题：核心公式是"专业热情 + 实践验证 + 社会责任"。

五、研究生录取综合指标

UBC 以"学术扎实 + 本地实践"为核心逻辑，尤其在商科、计算机及环境领域偏好具有加拿大经验或技术落地能力的申请者。建议聚焦 UBC "绿色科技"与"多元文化"特色，通过高相关性实习、跨学科研究及清晰的职业规划提升竞争力，并充分利用加拿大移民政策优势规划长期发展。

考试类型	最低要求	竞争力标准
GRE	310+	理工科：Quant 160+，写作 4.0+ 商科：Verbal 155+
GMAT	650+	尚德商学院 MBA：700+（需管理经验 5 年 +）
语言成绩	托福 90+	单项 ≥ 21；雅思 6.5+（单项 ≥ 6.0）

资料来源：根据学校官网数据整理统计。

阿尔伯塔大学

阿尔伯塔大学（University of Alberta）的录取以学术严谨性和专业适配性为核心，注重申请者的学术基础与目标专业的匹配度。学校对高中成绩（尤其是核心科目）要求较高，本科录取通常要求 GPA 达到 3.0（4.0 制）以上，热门专业（如工程、计算机科学）则需 3.5+，并强调数学、物理等学科的单科成绩。

一、录取数据

阿尔伯塔大学在读中国学生约 5600 人，以工程和能源领域为核心方向。其高录取率、工作签证政策及能源产业资源，使其成为加拿大西部最受中国学生欢迎的高校之一。

2024 年录取人数 1000~1500 人（国际本科生占比 15%~20%）。王牌专业（如石油工程、人工智能）录取率为 20%~25%，文科 / 教育类专业录取率较高（35%~40%）。农业科学录取率约为 35%。

二、中国学生录取标化成绩

1. 高考：需一本线以上（如满分 750 分，建议 550 分 +，工程 / 计算机需 580 分 +）。

2. A-Level：需 ABB-BBB（数学 / 物理需 B 以上，石油工程需化学 A）。

3. IB：需 30+/45（HL 科目需 5 分以上，数学 AA HL 建议 6 分）。

4. 语言要求：托福总分 90+（单项 ≥ 21）或雅思总分 6.5+（单项 ≥ 5.5）。

三、中国学生录取背景

1. 竞赛奖项：HiMCM（数学建模竞赛）、CCC（加拿大计算机竞赛）、AMC12（前 25%）。

2. 科研经历：能源相关实验（如油田数据分析）、人工智能项目（如机器学习模型开发）。

3. 实践项目：石油公司实习（如中石油、中海油）、农业科技调研（如智能温室项目）。

四、专家观点与建议

1. 学科匹配：强化数学 / 科学成绩，尤其是能源、AI、农业等优势领域。

2. 实践导向：通过竞赛、实习或科研证明技术应用能力。

3. 地域优势：结合阿省能源产业和移民政策，规划长期职业发展。

4. 文书的核心公式："学科兴趣 + 技术实践 + 职业目标"。

五、研究生录取综合指标

阿尔伯塔大学以"能源技术 + 人工智能"为核心竞争力，尤其在石油工程、AI 及医学领域偏好学术扎实且行业经验丰富的申请者。

考试类型	最低要求	竞争力标准
GRE	部分专业建议提交（如计算机工程需 Quant 160+）	理工科：GRE 310+（Quant 160+）
GMAT	商科专业需 650+（如 MBA/MSBA）	MBA 建议 680+，MSBA 建议 Quant 90%+
语言成绩	托福 90+（单项 ≥ 21）或雅思 6.5+（单项 ≥ 6.0）	医学 / 商科建议托福 100+/ 雅思 7.0+

资料来源：根据学校官网数据整理统计。

第 3 章　英国进入 2025 年 QS 排名前 100 的大学

大学名称	2024 年 QS 排名	2025 年 QS 排名	优势学科
帝国理工大学	6	2	工程、计算机、生物医学
牛津大学	3	3	医学、PPE（哲学、政治和经济）、计算机科学
剑桥大学	2	5	自然科学、工程、人文社科
伦敦大学学院	9	9	建筑学、教育学、人工智能
爱丁堡大学	22	27	数据科学、语言学、兽医学
曼彻斯特大学	32	34	材料科学、化学、商科
伦敦国王学院	40	40	医学、法学、国际关系
伦敦政治经济学院	45	50	经济学、金融、社会科学
布里斯托大学	55	54	航空航天、戏剧、地球科学
华威大学	67	69	商科（WBS）、数学、制造工程
格拉斯哥大学	76	78	生命科学、古典学、工程
南安普顿大学	81	80	电子工程、海洋科学、计算机
伯明翰大学	84	80	公共政策、材料工程、语言学
利兹大学	75	82	环境科学、传媒、商科
杜伦大学	78	89	神学、考古学、物理学

资料来源：根据 QS 官网数据整理统计。

帝国理工大学

帝国理工以"学术天才 + 技术先锋"为绝对标准，仅在工程、计算机及自然科学领域选拔具有潜力的学生。申请者需通过国际顶级竞赛奖项、颠覆性科研成果及与帝国理工研究方向的高度契合构建不可替代性，并提前 2~3 年规划学术路径。

一、录取数据

帝国理工学院官网显示，该校国际生数量庞大，达到 1.1 万人，其中中国学生有 3880 人，占比达 34.4%。中国香港学生有 590 人，数量也相当可观。2023 年帝国理工录取了 1664 名中国学生，2024 年录取了 1607 名中国学生，申请人数有一定的下降。

二、中国学生录取标化成绩

类别	具体要求	热门专业示例（附加要求）
AP 课程体系	5 门 AP 科目，成绩均为 5 分（核心科目必须为 5 分）；需搭配 SAT（总分 1500+，数学 ≥ 780）或 ACT（34+）；科目需严格匹配专业方向（如工程类需 AP 微积分 BC、物理 C、化学）	机械工程（MEng）：AP 微积分 BC 5 分 + 物理 C（力学 + 电磁学）5 分 + 化学 5 分 + SAT 数学 800 计算机科学（BSc CS）：AP 微积分 BC 5 分 + 计算机科学 A 5 分 + 物理 C 5 分
A-Level 课程体系	最低要求 AAA-A*AA（数学 + 高数 / 物理 / 化学等核心科目需 A*）；不接受批判思维（Critical Thinking）、通识教育（General Studies）科目	航空工程（MEng）：数学 A* + 物理 A* + 高数 A 生物医学（BSc Biomed）：生物 A* + 化学 A* + 数学 A
IB 课程体系	总分 39~42 分，HL 科目 7-7-6（数学 AA HL 需 7 分，物理 / 化学 HL 需 7 分）；SL 科目需 ≥ 6 分	物理（BSc Physics）：HL 数学 AA 7 + 物理 7 + 化学 6 数学（BSc Maths）：HL 数学 AA 7 + 物理 7 + 经济 7

续表

类别	具体要求	热门专业示例（附加要求）
中国普通高中（高考）	不接受高考直录，需完成以下目标之一：（1）帝国理工认可预科（如 UCL 预科、华威 IFP），均分≥ 85%；（2）国内本科第一年：985/211 大学均分≥ 90%（相关专业）	化学工程（MEng）：预科数学＋化学模块≥ 90% 电子工程（BEng EEE）：预科物理＋数学≥ 88%
雅思	总分 7.0+（单项≥ 6.5）	所有专业统一标准（包括理工科），无豁免
托福	总分 100+（单项≥ 22）	接受 TOEFL iBT Home Edition
PTE Academic	总分 69+（单项≥ 62）	需通过官方成绩单直接送分

资料来源：根据学校官网数据整理统计。

三、中国学生录取背景

1. 学术类。

• 国际竞赛奖项（如英国物理奥赛 BPhO 金奖、IMO、BPhO、UKChO 全球前 10%）。

• 科研论文（发表至 SCI 期刊或顶会，如 IEEE/ACS）。

2. 科学实践类。

• 工程：机器人竞赛（如 FRC）、开源硬件项目（如无人机设计）。

• 计算机：Kaggle 竞赛 TOP 5%、开发用户量超过 10 万的 APP。

• STEM 教育推广（如创办编程公益课程）、科技解决社会问题（如环保技术方案）。

四、专家观点与建议

1. 确保 A-Level/IB 成绩达到学院上限（如工程需 AAA*），优先修读高难度课程（Further Mathematics、HL 物理）。

2. 附加考试（如 PAT/STEP）需提前 1 年准备，目标分数进入全球前 5%。

3. 精准匹配专业：避免盲目跟风，选择与学术背景强相关的专业（如物理竞赛获奖者优先申请物理或工程）。

五、研究生申请综合指标

帝国理工学院以"学术卓越 + 技术创新"为绝对标准，尤其在工程、计算机及交叉学科领域，需通过顶刊 / 顶会论文、行业顶级项目及清晰的产学研转化路径构建竞争力。

考试类型	最低要求	竞争力标准
GRE	部分专业建议提交（如计算机科学需 Quant 165+）	理工科：GRE 325+（Quant 165+）
GMAT	商科专业需 700+（如 MBA/ 金融科技）	MBA 建议 720+（需管理经验 5 年 +）
语言成绩	托福 100+（单项 ≥ 22）或雅思 7.0+（单项 ≥ 6.5）	单项不达标可能直接淘汰

资料来源：根据学校官网数据整理统计。

英国大学研究生录取与美国越来越趋同，许多学校也开始要求申请者考 GRE，并且将科研实习经历作为考察内容。

牛津大学

牛津大学以"学术严苛 + 批判性思维"为核心逻辑，数学、工程及 PPE 等学科对附加考试和面试表现要求严苛。申请者需通过顶尖标化成绩、高难度竞赛成果及深度学术探索展现竞争力，并在文书中融合跨学科视角与人文关怀。

一、录取数据

牛津大学官网显示，该校国际学生占比为 33.3%，分布较为均匀。中国学生和美国学生的数量最多，分别为 1365 人和 1350 人。据不完全统计，2025 年，牛津大学在中国录取了 184 名本科生，2024 年录取了 178 人，2023 年录取本科生 154 人，在中国的录取呈上升趋势。

二、中国学生录取标化成绩

类别	具体要求	热门专业示例（附加要求）
AP 课程体系	5 门 AP 科目，成绩均为 5 分，且与申请专业高度相关；需搭配 SAT（总分 1500+）或 ACT（34+）；核心科目需满分（如数学、科学类）	数学（BSc Mathematics）：AP 微积分 BC 5 分 + 物理 C（力学 + 电磁学）5 分 + SAT 数学 ≥ 800 物理（BSc Physics）：AP 微积分 BC 5 分 + 物理 C 双科 5 分 + 化学 5 分
A-Level 课程体系	最低要求 AAA-AAA（核心科目需 A*）；部分专业要求科目组合（如数学 + 高数 + 物理）	工程科学（MEng Engineering）：数学 A* + 物理 A* + 高数 A PPE（哲学、政治与经济）：数学 A* + 历史 / 经济 A*
IB 课程体系	总分 38~40 分，HL 科目 7/7/6 分（核心科目需 7 分）；数学 AA HL 为多数理工科强制要求	化学（BSc Chemistry）：HL 化学 7 +、数学 AA HL7 +、物理 7 法律（BA Law）：HL 英语 / 历史 7 + 总分 39 分
中国普通高校（高考）	不接受高考直录，需完成以下条件之一：（1）牛津认可预科（如英国顶尖预科课程），均分 ≥ 90%；（2）国内本科第一年，985 大学均分 ≥ 90%（相关专业）	经济与管理（BSc Economics & Management）：预科数学与经济模块均分 ≥ 95% 计算机科学（BSc Computer Science）：预科数学 + 计算机 ≥ 90%
雅思	总分 7.5+（单项 ≥ 7.0）	所有专业统一标准，无豁免（包括全英文授课背景学生）
托福	总分 110+（听力 ≥ 22，阅读 ≥ 24，口语 ≥ 25，写作 ≥ 24）	接受 TOEFL iBT Home Edition
PTE Academic	总分 76+（单项 ≥ 66）	需通过官方成绩单直接送分

资料来源：根据学校官网数据整理统计。

三、中国学生活动背景类型

1. STEM 领域。

● 国际奥林匹克竞赛（IMO/IPhO/IChO/IBO）：国家级奖项（如金牌、银牌）是顶级申请者的标配。

● 英国数学奥林匹克竞赛（BMO）：晋级 Round 2 或获得 Distinction。

● 丘成桐科学奖：在数学、物理等学科中斩获区域或全球奖项。

2. 人文社科领域。

- 约翰·洛克论文竞赛（John Locke Essay Competition）：哲学、经济、历史类 High Commendation 以上奖项。

- 国际模拟联合国（MUN）：最佳代表奖或团队领导经历。

- 直接证明学科天赋与全球竞争力，尤其对数学、物理、PPE（哲学、政治与经济学）等专业至关重要。

3. 独立研究：在导师指导下完成课题（如机器学习模型优化、古典文学文本分析），成果发于国际期刊（如 SCI、SSCI）或会议论文集。

4. 顶尖实验室实习：参与大学与研究机构的科研项目（如量子计算实验、基因编辑技术应用）。

四、专家观点与建议

1. 提前准备附加考试（MAT/PAT）；附加考试需针对性训练（如 MAT 历年真题精练，目标分数进入全球前 5%）。

2. 文书聚焦"学术深度与批判性思维"。

3. 模拟牛津面试形式（如白板解题、即兴问答），重点训练逻辑表达与问题拆解能力；熟悉学科前沿问题（如量子计算、基因编辑伦理），展示学术前瞻性。

五、研究生申请综合指标

牛津大学以"学术卓越 + 跨学科创新"为核心逻辑，尤其在计算机、金融经济及生物医学领域偏好顶尖科研成果或行业颠覆性实践。申请者需通过高影响力论文、深度行业经验及与牛津价值观契合的研究愿景脱颖而出，并善于用英国签证政策规划职业发展。

考试类型	最低要求	竞争力标准
GRE	部分专业建议提交（如经济学需 Quant 168+）	理工科：GRE 330+（Quant 168+） 商科：Verbal 160+
GMAT	商科专业需 720+（如 MBA/MFE）	MFE 建议 Quant 95%+，MBA 需管理经验（8 年 + 高管背景）

续表

考试类型	最低要求	竞争力标准
语言成绩	雅思 7.5+（单项 ≥ 7.0）或托福 110+（单项 ≥ 25）	法学 / 人文社科语言门槛更高（如雅思 7.5 单项 ≥ 7.5）

资料来源：根据学校官网数据整理统计。

剑桥大学

剑桥大学以"学术顶尖 + 研究潜力"为核心逻辑，附加考试与面试表现是关键筛选环节。申请者需通过奥赛奖项、深度科研及跨学科批判思维展现竞争力，并提前规划 STEP/TMUA 等考试。建议优先选择与自身研究方向相匹配的学院，利用剑桥导师制资源提升学术背景。

一、录取数据

剑桥大学官网显示，该校国际学生占比为 32.8%，与牛津大学基本持平，中国学生数量也接近牛津大学，共有 1360 人。剑桥大学近年来对中国学生的录取人数呈增长趋势。例如，2025 年录取了中国学生 274 人，2024 年剑桥本科录取的中国学生约为 343 人，2023 年录取了 262 人。

二、中国学生录取标化成绩

类别	具体要求	热门专业示例（附加要求）
AP 课程体系	5 门 AP 科目，成绩均为 5 分；需搭配 SAT（总分 1500+，数学 ≥ 780）或 ACT（34+）；科目需与专业高度相关（如数学、物理、化学）	自然科学（Natural Sciences）：AP 微积分 BC 5 分 + 物理 C（力学 + 电磁学）5 分 + 化学 5 分 经济学（Economics）：AP 微积分 BC 5 分 + 宏观 / 微观经济学 5 分 + 统计学 5 分
A-Level 课程体系	最低要求 AAA-A*AA（核心科目需 A*）；数学、物理等科目通常要求 A*（部分学院要求全 A*）	数学（Mathematics）：数学 A* + 高数 A* + 物理 A 工程学（Engineering）：数学 A* + 物理 A* + 化学 A

续表

类别	具体要求	热门专业示例（附加要求）
IB 课程体系	总分 40~42 分，HL 科目 7/7/6-7/7/7（数学 AA HL 需 7 分）；SL 科目需 ≥ 7 分	计算机科学（Computer Science）：HL 数学 AA 7 分 + 物理 7 分 心理学（Psychology）：HL 生物 7 分 + 化学 6 分
中国普通高中（高考）	不接受高考直录，需满足以下条件之一：（1）剑桥认可预科（如英国 A-Level 或 IB 课程）；（2）国内顶尖大学本科第一年（如清北复交，均分 ≥ 90%）	化学工程（Chemical Engineering）：需预科数学 + 化学成绩 ≥ 95% 法律（Law）：需预科英语文学 + 历史成绩 ≥ 90%
雅思	总分 7.5+（单项 ≥ 7.0）	所有专业统一标准，无豁免（包括全英文授课背景学生）
托福	总分 110+（单项 ≥ 25）	接受 TOEFL iBT Home Edition（部分学院可能要求线下考试）
其他语言考试	接受部分替代考试（如剑桥英语 C2 Proficiency），需达到同等水平	—

资料来源：根据学校官网数据整理统计。

三、中国学生录取背景

1. 国际学科竞赛。

- 理工科：

○ 国际物理 / 化学 / 生物奥林匹克竞赛（IPhO/IChO/IBO）：国家队或国家级奖项（如金牌、银牌）是顶尖申请者的标配。

○ 英国数学奥林匹克竞赛（BMO）：晋级 Round 1 或获得 Distinction。

○ 国际基因工程机器大赛（iGEM）：团队金奖或单项奖（如最佳建模奖）。

- 人文社科：

○ 约翰·洛克论文竞赛（John Locke Essay Competition）：哲学、经济、历史类获 High Commendation 以上奖项。

○ 中国高中生美式辩论赛（NHSDLC）：全国赛八强或最佳辩手。

2. 科研项目与发表。

- 独立科研：在导师指导下完成课题（如 AI 算法优化、量子计算模拟），成果发表于 SCI/EI 期刊（至少三作）。

- 实验室实习：参与顶尖机构科研项目（如 CRISPR 基因编辑实验）。
- 学术会议：在国际会议（如英特尔国际科学与工程大奖赛 ISEF）展示海报或口头报告。

四、专家观点与建议

1. 重视学术竞赛，理工科参加奥赛（如 BPhO Round1 金奖、AMC12 前 1%）、发表 SCI 论文（二作也可）。社科参与 NEC（全美经济挑战赛）、哈佛模联、独立社会调研项目。

2. 学术夏校与学术活动：剑桥官方夏校（如 SSTP）、ROSS 数学营、Pioneer Academics 科研项目。

3. 避免盲目扎堆热门专业（如计算机科学），可考虑关联但竞争较小的学科（如"自然科学—物理方向"替代纯物理专业）。

4. 文书（PS）核心：聚焦 1~2 个学术兴趣点，结合课程学习、科研 / 竞赛经历展开，避免泛泛而谈。

五、研究生录取综合指标

剑桥大学以"学术卓越 + 全球影响力"为核心逻辑，尤其在人工智能、金融及基础科学领域，对原创性研究能力和跨学科视野要求极高。申请者需通过顶刊论文、顶级竞赛奖项及行业尖端实践展现竞争力，并善于利用剑桥的学院制资源（如个性化导师支持）。

考试类型	最低要求	竞争力标准
GPA	硕士：3.7/4.0	博士：TOP 5% 本科院校（如清华大学、北京大学、复旦大学、上海交通大学）均分 93+
GRE/GMAT	商科需 GMAT 730+/GRE 330+	理工科建议 GRE Quant 168+
语言成绩	雅思 7.5（单项 ≥ 7.0）或托福 110（单项 ≥ 25）	部分学院（如法学院）要求更高

资料来源：根据学校官网数据整理统计。

伦敦大学学院

UCL 作为英国 G5 超级精英大学之一，录取标准以学术卓越性和跨学科潜力为核心，尤其注重学生的创新能力、研究思维与全球视野。

一、录取数据

UCL 是中国留学生人数最多的英国高校，也是录取中国学生最多的海外高校之一。据 UCL 官网统计，目前该校就读的中国学生 13975 人，其中 6770 人是授课型硕士在读。根据 UCL 官方给出的数据表统计，2024/2025 学年 UCL 共收到 16961 份中国学生申请，发放了 7126 份录取通知书（Offer），总体 Offer 发放率高达 42%，Offer 发放率较上年提高 7.4%。2023 年 UCL 则发给中国学生 5112 份录取通知书。

二、中国学生录取标化成绩

类别	具体要求	热门专业示例（附加要求）
AP 课程体系	3~5 门 AP 科目，成绩为 4 分或以上（核心科目需 5 分）；部分专业需搭配 SAT（总分 1400+）或 ACT（30+）；科目需严格匹配专业（如工程类需 AP 微积分 BC、物理 C）	计算机科学（BSc CS）：AP 微积分 BC 5 分 + 计算机科学 A 5 分 + 物理 C 4 分 经济学（BSc Economics）：AP 微积分 AB 5 分 +，宏观 / 微观经济学 4 分
A-Level 课程体系	最低要求 AAA-ABB（核心科目需 A*/A）；数学 / 科学类专业需数学或物理 A*	机械工程（BEng）：数学 A* + 物理 A 心理学（BSc Psychology）：生物 / 数学 A + 一门社科科目 A
IB 课程体系	总分 36~40 分，HL 科目 6~7 分（理工科需 HL 数学 / 物理）；SL 科目需 ≥ 5 分	建筑学（BArch）：HL 数学 AA 6 分 + 艺术 / 设计 6 分 医学（MBBS）：HL 生物 + 化学 7 分，需 BMAT 考试

续表

类别	具体要求	热门专业示例（附加要求）
中国普通高中（高考）	高考直录：需达到总分 85%+（如满分 750 需 638 分以上），且数学 / 理科单科 ≥ 85% 未达直录：需完成 UCL 认可预科课程（如 UCL 国际预科课程），均分 ≥ 80%	数学与统计（BSc）：高考数学 ≥ 90% 化学（BSc Chemistry）：预科化学模块 ≥ 85%
雅思	总分 6.5~8.0（单项 ≥ 6.0~7.5）	理工科 / 商科：总分 6.5（单项 ≥ 6.0） 法律 / 医学：总分 7.5（单项 ≥ 7.0）
托福	总分 92~110（阅读 / 写作 ≥ 24~29，听力 / 口语 ≥ 20~23）	接受 TOEFL iBT Home Edition
PTE Academic	总分 62~80（单项 ≥ 59~76）	需通过官方成绩单直接送分
豁免条件	全英文授课高中（如 IB/AP）可申请豁免，需提交学校官方证明	—

资料来源：根据学校官网数据整理统计。

三、中国学生录取背景

学术深度的竞赛与科研活动：国际竞赛奖项（如 AMC12 全球前 5%、NEC 经济学竞赛全国金奖），科研 / 实践项目（如社科类田野调查、工程类开源硬件开发）。

四、专家观点与建议

1. 体现学术深度：体现对专业的持续探索（如经济学申请者分析"行为经济学在政策制定中的局限性"）。

2. 跨学科视角：结合 UCL 优势学科（如"人工智能 + 城市交通规划"）。

3. 显示职业关联性：明确如何利用 UCL 资源（如巴特莱特建筑学院工作室）实现职业目标。

五、研究生录取综合指标

UCL 以"实践导向 + 学术包容"为特色，商科、教育及计算机领域竞争尤为激烈。申请者需通过高相关性实习、技术创新项目及清晰的职业规划来提升竞争力，并善于利用 UCL 的跨学科资源（如全球健康研究所）。

考试类型	最低要求	竞争力标准
GPA	硕士：3.3/4.0	热门专业（如金融）实际录取均分 85%+
GRE/GMAT	商科建议提交（GMAT 650+/GRE 320+）	商业分析需 Quant 90%+
语言成绩	雅思 7.0（单项 ≥ 6.5）或托福 100（单项 ≥ 22）	法学 / 医学需更高（如雅思 7.5 单项 ≥ 7.0）

资料来源：根据学校官网数据整理统计。

爱丁堡大学

爱丁堡大学以"学术扎实 + 实践创新"为核心逻辑，商科、计算机等热门专业需通过高标化成绩和学科关联活动展现竞争力。建议申请者提前规划语言考试，强化专业实践（如商赛、科研），并通过文书体现对苏格兰文化或大学研究特色的深度理解。

一、录取数据

爱丁堡大学官方数据显示，全校学生总数约 40000 人，其中国际生占比为 44%（约 17600 人）；其中中国学生总数 7165 人（本科与研究生），本科生 3050 人，授课型硕士在读 3505 人，约占全英中国学生的 4%。2023 年英国大学整体中国学生录取量增长约 10%[①]，爱丁堡大学因排名优势而增幅更高。2024 年热门专业的研究生项目（如人工智能、金融）扩招，但均分门槛提升（985/211 院校商科均分要求从 80% 升至 82%）。

---

① 数据来源：英国大学与学院招生服务中心（UCAS）。

二、中国学生录取标化成绩

类别	具体要求	热门专业示例（附加要求）
AP 课程体系	4~5 门 AP 科目，成绩为 5 分或 4 分（核心科目需 5 分）；需搭配 SAT（总分 1450+）或 ACT（32+）；科目需与专业强相关（如数学、科学）	计算机科学（BSc CS）：AP 微积分 BC 5 分 + 计算机科学 A 5 分 + 物理 C 5 分 经济学（BSc Economics）：AP 微积分 BC 5 分 + 宏观 / 微观经济学 5 分
A-Level 课程体系	最低要求 A*AA-ABB（核心科目需 A*/A）；部分专业要求数学或科学科目达到 A*（如数学、物理）	医学（MBChB Medicine）：AAA（化学 A+ 生物 / 数学 A） 人工智能（BSc AI）：数学 A* + 物理 A
IB 课程体系	总分 37~43 分，HL 科目 6~7 分（理工科需数学 AA HL 7 分）；SL 科目需 ≥ 6 分	法律（LLB Law）：HL 英语 / 历史 7 分 + 总分 43 分 生物科学（BSc Biological Sciences）：HL 生物 7 分 + 化学 6 分
中国普通高中（高考）	高考直录：需达到总分 80%~85%（如满分 750 分需 600 分以上），且相关单科成绩 ≥ 80% 未达直录：需完成爱丁堡认可预科（如本校预科或 NCUK），均分 ≥ 80%	数学（BSc Mathematics）：高考数学 ≥ 140 分（满分 150） 建筑学（BArch）：需提交作品集并通过面试
雅思	总分 6.5~7.5（单项 ≥ 5.5~7.0）	理工科 / 商科：总分 6.5+（单项 ≥ 5.5） 法律 / 医学：总分 7.5+（单项 ≥ 7.0）
托福	总分 92~110（写作 ≥ 23~25，其他单项 ≥ 20~23）	接受 TOEFL iBT Home Edition
PTE Academic	总分 67~76（单项 ≥ 56~67）	需通过官方成绩单直接送分

资料来源：根据学校官网数据整理统计。

三、中国学生录取背景

相比美国，英联邦国家更重视标化成绩。

1. 学以致用的科创活动：创立校园财经分析社团，如撰写《区块链对小微金融的影响》报告。

2. USACO 银牌，参与中国科学院"AI+ 农业"科研项目活动：如发表《社交媒体对青少年焦虑的影响》论文，组织心理健康公益讲座。

四、专家观点与建议

1. 学术成绩与课程匹配：商科申请者需强化数学成绩（A-Level 数学 A*
或 IB HL 数学 7）；计算机科学建议选修高数或计算机科学课程，并参与编程
项目。

2. 个人陈述（Personal Statement）要点：结合爱丁堡大学学科特色（如人
工智能伦理、气候变化研究），展示跨学科兴趣（如"数据科学在文化遗产
保护中的应用"）。

3. 附加材料：推荐信需突出学术潜力（如独立完成数据分析项目）。

五、研究生申请综合指标

爱丁堡大学以"学术扎实＋产业落地"为特色，计算机、金融及医学领
域偏好技术能力与社会责任感兼备的申请者。

考试类型	最低要求	竞争力标准
GPA	硕士：3.2/4.0	热门专业（如数据科学）实际录取均分 85%+
GRE/GMAT	商科建议提交（GMAT 650+/GRE 315+）	金融学建议 Quant 85%+
语言成绩	雅思 6.5（单项 ≥ 6.0）或托福 92（单项 ≥ 20）	法学/医学需更高（如雅思 7.0+，单项 ≥ 6.5

资料来源：根据学校官网数据整理统计。

曼彻斯特大学

曼彻斯特大学（以下简称曼大）以"学术严谨＋产业实践"为核心逻辑，
商科、工程及计算机领域需通过高标化成绩和学科深度实践展现竞争力。

一、录取数据

曼大官网显示，全校学生总数约 40000 人，其中国际学生占比为 37%（约

14800 人）。曼大中国学生总数 9085 人（本科 + 研究生），其中有 3950 人是授课型硕士。

2023 年因商学院（AMBS）和计算机学院扩招，中国学生录取量显著增加（商科占比为 40%）；2024 年又新增"人工智能与数据科学"硕士项目，中国学生申请量增长 25%；曼大作为"红砖大学"，对中国学生颇具吸引力。

二、中国学生录取标化成绩

类别	具体要求	热门专业示例（附加要求）
AP 课程体系	3~4 门 AP 科目，成绩为 4 分或以上（理工科核心科目需 5 分）；需搭配 SAT（总分 1300+）或 ACT（27+）；科目需与专业相关	计算机科学（BSc CS）：AP 微积分 BC 5 分 + 物理 C 4 分 + 计算机科学 A 4 分 经济学（BSc Economics）：AP 微积分 AB 4 分 + 宏观 / 微观经济学 4 分
A-Level 课程体系	最低要求 AAA-ABB（核心科目需 A/B）；部分专业要求数学或科学科目达到 A*	化学工程（BEng Chem Eng）：数学 A + 化学 A + 物理 B 商科（BSc Business）：数学 A + 经济 B
IB 课程体系	总分 32~37 分，HL 科目 5~7 分（理工科需数学 / 物理 HL）；SL 科目需 ≥ 5 分	机械工程（BEng Mech Eng）：HL 数学 AA 6 分 + 物理 6 分 心理学（BSc Psychology）：HL 生物 / 心理学 6 分
中国普通高中（高考）	高考直录：需达到总分 75%~80%（如满分 750 分需 563~600 分），且数学 / 理科单科 ≥ 75% 未达直录：需完成曼大认可预科（如 INTO 预科），均分 ≥ 70%	数学（BSc Mathematics）：高考数学 ≥ 80% 材料科学（BSc Materials）：高考物理 + 化学 ≥ 75%
雅思	总分 6.0~7.5（单项 ≥ 5.5~7.0）	理工科 / 商科：总分 6.5+（单项 ≥ 6.0） 法律 / 医学：总分 7.0+（单项 ≥ 6.5）
托福	总分 90~100（单项 ≥ 20~25）	接受 TOEFL iBT Home Edition
PTE Academic	总分 59~76（单项 ≥ 59~67）	需通过官方成绩单直接送分

资料来源：根据学校官网数据整理统计。

三、中国学生录取背景

• 体现学术深度：体现学科探索（如商科申请者分析"加密货币对传统金融的冲击"）。

● 与实践关联：结合曼大研究资源（如石墨烯研究所、曼彻斯特足球数据分析合作项目）。

四、专家观点与建议

1. 成绩优先原则：确保学术成绩达标，英国大学更重视学术表现。

2. 突出差异化背景：通过竞赛、科研或实习凸显个人优势。

3. 精准选专业：结合兴趣与录取率，灵活选择申请方向。

4. 强化专业匹配度：如商科申请者选修量化课程（如统计学），参与企业实习；工科申请者突出实践能力（如竞赛、开源项目）。

5. 明确曼大课程如何助力目标（如"利用曼大工程资源开发清洁能源技术"）。

五、研究生录取综合指标

曼大以"实践导向＋产学结合"为核心逻辑，商科、计算机及工程领域竞争尤为激烈。申请者需通过高相关性实习、技术创新项目及清晰的职业规划提升竞争力，并善用曼大与本地产业的紧密合作（如与劳斯莱斯、BBC 的联合研究）。

考试类型	最低要求	竞争力标准
GPA	硕士：3.0/4.0	热门专业（如金融）实际录取均分 80%+
GRE/GMAT	商科建议提交（GMAT 600+/GRE 310+）	金融学建议 Quant 80%+
语言成绩	雅思 6.5（单项 ≥ 6.0）或托福 90（单项 ≥ 20）	法学 / 医学需更高（如雅思 7.0+，单项 ≥ 6.5）

资料来源：根据学校官网数据整理统计。

伦敦国王学院

伦敦国王学院（KCL）作为英国"金三角名校"之一，录取风格以学术卓越和学科专业性为核心，尤其注重申请者的学术深度、研究潜力与国际化视野。建议申请者结合 KCL 的跨学科优势（如数字人文、全球健康），体现技术解决社会问题的潜力，并提前规划附加考试（如 LNAT/BMAT）。

一、录取数据

KCL 官网显示，截至 2024 年，KCL 在读的中国学生（含本科、硕士、博士及访问学者）总数为 7890 多人，占该校国际学生群体的 25%~30%。这一比例在伦敦地区的大学中处于较高水平，主要得益于 KCL 在法学、医学、国际关系等领域的全球声誉，以及对中国学生申请材料的系统性接纳政策。2023/2024 学年 KCL 给中国本科及硕士生发放了 4820 份录取通知书，较 2022 年增长 12%~15%，近一半国际学生的录取通知书被发放给了中国学生。

二、中国学生录取标化成绩

类别	具体要求	热门专业示例（附加要求）
AP 课程体系	4 门 AP 科目，成绩为 4 分或以上（核心科目需 5 分）；需搭配 SAT（总分 1350+）或 ACT（28+）；科目需与专业相关	法律（LLB Law）：AP 英语文学 5 分 + 历史 5 分 + SAT 阅读 700 生物医学（BSc Biomed）：AP 生物 5 分 + 化学 5 分
A-Level 课程体系	最低要求 A*AA-ABB（核心科目需 A*/A）；部分专业要求特定科目（如法律需英语 A）	国际关系（BA IR）：历史 A + 政治 A 计算机科学（BSc CS）：数学 A* + 物理 A
IB 课程体系	总分 35~38 分，HL 科目 6~7 分（数学/科学类需 HL）；SL 科目需 ≥ 5 分	心理学（BSc Psychology）：HL 生物 6 分 + 化学 5 分 数学（BSc Maths）：HL 数学 AA 7 分
中国普通高中（高考）	高考直录：总分 75%~80%（如满分 750 需 563~600 分） 未达直录：需完成 KCL 预科（如 King's International Foundation），均分 ≥ 70%	金融（BSc Finance）：高考数学 ≥ 80% 传媒（BA Media）：需提交作品集或相关实习证明
雅思	总分 6.5~7.5（单项 ≥ 6.0~7.0）	理工科/商科：总分 6.5+（单项 ≥ 6.0） 法律/医学：总分 7.5+（单项 ≥ 7.0）
托福	总分 100+（写作 ≥ 25，其他单项 ≥ 23）	接受 TOEFL iBT Home Edition
PTE Academic	总分 69~75（单项 ≥ 62~69）	需通过官方成绩单直接送分

资料来源：根据学校官网数据整理统计。

三、专家观点与建议

1. 以学术成绩为核心：商科 / 计算机需数学 A*（A-Level）或 HL 数学 7（IB）；法学 / 医学附加考试（LNAT/BMAT）需提前 1 年准备（如 LNAT 逻辑题每日限时训练）。

2. 文书聚焦学科深度：结合 KCL 研究特色（如数字人文、全球健康），如"AI 伦理在医疗数据中的应用"；法学申请者可分析"跨国企业数据隐私的法律冲突"。

3. 实践与学术结合：医学申请者需"临床实习（如三甲医院）+ 科研论文（如新冠疫苗研究）"；计算机 GitHub 开源项目（如开发用户量超过 1 万的 APP）有加持作用。

四、研究生录取综合指标

KCL 以"学术严谨 + 实践创新"为核心逻辑，商科、医学及数据科学领域竞争激烈。申请者需通过高标化成绩、深度行业经验及精准匹配 KCL 研究特色提升竞争力。

考试类型	最低要求	竞争力标准
GPA	硕士：3.3/4.0	热门专业（如金融分析）实际录取均分 85%+
GRE/GMAT	商科建议提交（GMAT 650+/GRE 315+）	金融分析需 Quant 85%+
语言成绩	雅思 7.0(单项 ≥ 6.5)或托福 100(单项 ≥ 23)	法学 / 医学需更高（如雅思 7.5+，单项 ≥ 7.0）

资料来源：根据学校官网数据整理统计。

伦敦政治经济学院

伦敦政治经济学院（LSE）以"学术极致 + 全球视野"为核心逻辑，经济学、金融学及法律领域尤其注重量化能力与批判性思维。本科申请需通过附加考试高分（如 STEP/LNAT）及深度学术活动突围。

一、录取数据

LSE 官网显示，截至 2023/2024 学年，LSE 在读的中国学生（含本科、硕士、博士及研究型课程）总数约为 2281 人，占该校国际学生群体的 25%。这一比例在伦敦地区的社科类院校中位居前列，主要源于 LSE 在经济学、金融学、国际关系等领域的全球顶尖声誉，以及对中国学生学术背景（尤其是数学与社科能力）的高度认可。2024 学年，LSE 向中国授课型硕士发放了 1710 份录取通知书，向中国本科生发放了 554 份录取通知书，相比较于 2023 年（向中国本科生发放了 519 份录取通知书）略有提升。

二、中国学生录取标化成绩

类别	具体要求	热门专业示例（附加要求）
AP 课程体系	5 门 AP 科目，成绩均为 5 分（部分专业接受 4 分）；科目需与申请专业高度相关（如经济学需 AP 微积分 BC、统计学）	经济学（BSc Economics）：AP 微积分 BC 5 分 + 宏观 / 微观经济学 5 分 + 统计学 5 分 政治学（BSc Politics）：AP 美国历史 / 世界历史 5 分 + 英语文学 5 分
A-Level 课程体系	最低要求 A*AA-AAA（数学、高数等核心科目需 A*）；不接受通知教育（General Studies）、批判思维（Critical Thinking）科目	金融学（BSc Finance）：数学 A* + 高数 A* + 经济 A 数据科学（BSc Data Science）：数学 A* + 物理 / 计算机 A
IB 课程体系	总分 37~38 分，HL 科目 6/6/6~7/6/6（数学 AA HL 需 6~7 分）；SL 科目需 ≥ 5 分	国际关系（BSc IR）：HL 历史 / 经济 6 分 + 数学 AA SL 6 分 社会学（BSc Sociology）：HL 英语 / 社会学 6 分
中国普通高中（高考）	不接受高考直录，需满足以下条件之一：（1）LSE 认可预科（如 UCL 预科、华威 IFP），均分 ≥ 80%；（2）本科第一年：国内 985/211 大学均分 ≥ 85%（相关专业）	管理学（BSc Management）：预科需数学模块 ≥ 85% 会计与金融（BSc Accounting & Finance）：预科经济学 ≥ 80%
雅思	单项 ≥ 7.0	所有专业统一标准，无豁免（包括全英文授课背景学生）
托福	总分 100+（写作 ≥ 27，其他单项 ≥ 25）	接受 TOEFL iBT Home Edition

资料来源：根据学校官网数据整理统计。

三、中国学生录取背景

1. 经济 / 金融：NEC 全美经济挑战赛（DR 组别金奖）、IEO 国际经济学奥赛、自主研究论文（如《中国地方债务对经济增速的影响》）。

2. 社科：CTB 全球创新研究大挑战、发表社会调研报告（如《城乡教育差距分析》）。

四、专家观点与建议

LSE 对中国学生的录取以学术卓越 + 社科洞察力为核心，建议申请者：

1. 聚焦学术批判性（如"量化宽松政策对新兴市场的溢出效应"）。

2. 深耕学术：通过高难度竞赛、论文与研究项目证明学术潜力。

3. 精准定位：选择与个人背景高度匹配的专业，避免盲目追随热门。

五、研究生申请综合指标

申请者需通过高质量论文、深度行业经验及与 LSE 研究方向的强关联性脱颖而出，并避开同质化竞争（如泛泛讨论宏观经济），选择细分领域（如加密货币监管、AI 伦理）切入。

考试类型	最低要求	竞争力标准
GPA	硕士：3.5/4.0	热门专业（如金融学）实际录取均分 88%+
GRE/GMAT	经济 / 金融需 GRE 330+ 或 GMAT 700+	经济学建议 Quant 168+
语言成绩	雅思 7.0（单项 ≥ 6.5）或托福 100（单项 ≥ 22）	法学需雅思 7.5+（单项 ≥ 7.0）

资料来源：根据学校官网数据整理统计。

布里斯托大学

布里斯托大学以"学术严谨＋技术创新"为核心逻辑，工程、商科及计算机领域需通过高标化成绩和学科深度实践展现竞争力。

一、录取数据

根据英国高等教育统计局（HESA）数据，截至 2024 年，布里斯托大学在读中国学生（本科＋硕士＋研究型）总数 5000 人，其中 2645 人是授课型硕士。中国学生总数占该校国际学生的 63%。

二、中国学生录取标化成绩

类别	具体要求	热门专业示例（附加要求）
AP 课程体系	3~4 门 AP 科目，成绩为 4 分或以上（部分专业需 5 分）； 科目需与申请专业相关（如工程类需 AP 微积分 BC、物理 C）	机械工程（BEng Mechanical Engineering）：AP 微积分 BC 5 分＋物理 C（力学）4 分＋化学 4 分 经济学（BSc Economics）：AP 微积分 BC 4 分＋宏观／微观经济学 4 分
A-Level 课程体系	最低要求 AAB-ABB（核心科目需 A 或 B）；接受部分组合科学（Combined Science）科目成绩	计算机科学（BSc Computer Science）：数学 A＋物理／计算机科学 B 心理学（BSc Psychology）：生物／数学 B＋一门社科科目 B
IB 课程体系	总分 32~36 分，HL 科目 5~6 分（理工科需 HL 数学／物理）； SL 科目需 ≥ 5 分	法律（LLB Law）：HL 英语／历史 6 分＋总分 36 分 生物医学（BSc Biomedical Sciences）：HL 生物 6 分＋化学 5 分
中国普通高中（高考）	高考直录：需达到总分 75%~85%（如满分 750 分需 563~638 分），且相关单科成绩 ≥ 80% 未达直录：需通过布里斯托大学预科（如 Kaplan 或本校预科），均分 ≥ 75%	土木工程（BEng Civil Engineering）：高考数学 ≥ 85%＋物理 ≥ 80% 商科（BSc Management）：高考数学 ≥ 80%

续表

类别	具体要求	热门专业示例（附加要求）
雅思	总分 6.5+（单项 ≥ 6.0）	理工科 / 商科：总分 6.5+（单项 ≥ 6.0） 法律 / 医学：总分 7.0+（单项 ≥ 6.5）
托福	总分 90+（阅读 ≥ 22，听力 ≥ 21，口语 ≥ 23，写作 ≥ 22）	接受 TOEFL iBT Home Edition
PTE Academic	总分 67+（单项 ≥ 64）	需通过官方成绩单直接送分

资料来源：根据学校官网数据整理统计。

三、中国学生录取背景

1. 竞赛与科研是主流。

2. 理科：BPhO（物理奥赛）、UKChO（化学奥赛）、Kaggle 数据科学竞赛。

3. 商科：NEC 全美经济挑战赛、FBLA 商业竞赛、模拟股市投资。

4. 工程类：机器人竞赛（如 VEX）、3D 建模项目（如 SolidWorks 设计）。

四、专家观点与建议

1. 强化专业匹配度：工程类需突出实践能力（如竞赛、开源项目）；商科申请者选修量化课程（如统计学），参与企业实习。

2. 善用本地资源：在文书中提及布里斯托产业优势（如航空航天集群、绿色能源研究）；博士申请者提前联系实验室（如布里斯托机器人实验室）。

3. 建议申请者结合布里斯托的科研特色（如机器人技术、气候变化研究），在文书中体现技术解决全球问题的潜力。

五、研究生申请综合指标

布里斯托大学以"技术创新 + 社会应用"为核心逻辑，工程、数据科学及商科领域尤其注重实践能力与学科交叉背景。申请者需通过高相关性项目（如开源代码、政策分析）、行业实习及清晰的职业规划提升竞争力，并善用布里斯托的产学研资源（如与劳斯莱斯、BBC 的合作）。

考试类型	最低要求	竞争力标准
GPA	硕士：3.0/4.0	热门专业（如数据科学）实际录取均分 80%+
GRE/GMAT	商科建议提交（GMAT 620+/GRE 310+）	金融科技需 Quant 80%+
语言成绩	雅思 6.5（单项 ≥ 6.0）或托福 90（单项 ≥ 20）	法学 / 传媒需更高（如雅思 7.0+ 单项 ≥ 6.5）

资料来源：根据学校官网数据整理统计。

华威大学

华威大学以"学术卓越 + 实践创新"为核心逻辑，商科、数学及计算机领域需通过顶尖标化成绩和学科深度实践展现竞争力。

一、录取数据

根据英国高等教育统计局（HESA）数据，截至 2024 年，在读中国学生总数可能接近 4000 人，其中授课型硕士为 2615 人。中国学生占该校国际学生的 45%。由于华威大学商学院（WBS）和计算机科学等专业对中国学生吸引力显著，中国学生是其持续稳定的生源之一。

二、中国学生录取标化成绩

类别	具体要求	热门专业示例（附加要求）
AP 课程体系	4~5 门 AP 科目，成绩均为 4 分或以上（核心科目需 5 分）；科目需与申请专业相关（如数学、物理等）	数学（BSc Mathematics）：AP 微积分 BC 5 分 + 统计学 5 分 + 物理 C 力学 5 分 经济学（BSc Economics）：AP 微积分 BC 5 分 + 宏观 / 微观经济学 5 分
A-Level 课程体系	最低要求 A*AA-ABB（核心科目需 A*/A）；不接受通识教育（General Studies）科目	计算机科学（BSc Computer Science）：数学 A* + 高数 / 物理 A 管理学（BSc Management）：数学 A + 经济 A

续表

类别	具体要求	热门专业示例（附加要求）
IB 课程体系	总分 36~38 分，HL 科目 6~7 分（数学 AA HL 需 6 分）； SL 科目需高于 5 分	工程学（BEng Engineering）：HL 数学 AA 6 分 + 物理 6 分 心理学（BSc Psychology）：HL 生物 / 化学 6 分
中国普通高中（高考）	接受高考直录：需达到总分 80%~85%（如满分 750 分需 600 分以上）； 未达直录：需完成华威认可预科（如华威国际预科课程 IFP）且均分 ≥ 75%	商科（BSc Business）：预科数学模块 ≥ 80% 数据科学（BSc Data Science）：预科数学 + 计算机 ≥ 85%
雅思	总分 6.0~7.0（单项 ≥ 5.5~6.5）	英语文学：总分 7.0+（单项 ≥ 6.5） 工程学：总分 6.0+（单项 ≥ 5.5）
托福	总分 80~100（写作 ≥ 21~27，其他单项 ≥ 19~24）	接受 TOEFL iBT Home Edition
PTE Academic	总分 59~75（单项 ≥ 59~67）	需通过官方成绩单直接送分

资料来源：根据学校官网数据整理统计。

三、中国学生录取背景

1. 数学 / 计算机：参加 AMC12（前 1%）、BMO（英国数学奥赛）、Kaggle 数据竞赛。

2. 商科：NEC 全美经济挑战赛（DR 组别金奖）、FBLA 商业竞赛、模拟股市投资。

3. 社科：发表社会调研报告（如《数字经济对就业的影响》）。

四、专家观点与建议

华威大学对中国学生的录取注重学术能力 + 实践潜力，建议申请者：

1. 强化标化成绩：确保 A-Level/IB/ 高考成绩达到目标专业要求。

2. 差异化背景：通过高含金量竞赛、科研或实习提升竞争力。

3. 精准定位专业：结合兴趣与录取难度，灵活选择申请方向。

五、研究生申请综合指标

华威大学以"学术卓越 + 产业实践"为核心逻辑，商科、数据科学及工程领域竞争尤为激烈。申请者需通过高标化成绩、深度行业经验及精准匹配华威研究特色提升竞争力，并善用其与企业的紧密合作（如捷豹路虎、劳斯莱斯）。

考试类型	最低要求	竞争力标准
GPA	硕士：3.2/4.0	热门专业（如金融学）实际录取均分为 85%+
GRE/GMAT	商科需提交（GMAT 680+/GRE 320+）	金融学建议 Quant 85%+
语言成绩	雅思 6.5（单项≥6.0）或托福 92（单项≥21）	商科 / 法学需更高（如雅思 7.0+，单项≥6.5）

资料来源：根据学校官网数据整理统计。

格拉斯哥大学

格拉斯哥大学录取以"学术严谨 + 社会影响力"为核心逻辑，商科、工程及医学领域需通过高标化成绩和学科深度实践展现竞争力。

一、录取数据

根据英国高等教育统计局（HESA）数据，格拉斯哥大学在读中国学生总数约为 7525 人，占该校国际学生的 50% 以上，其中就读授课型硕士的学生 5935 人，为英国罗素集团大学中中国学生比例最高的院校之一。

二、中国学生录取标化成绩

类别	具体要求	热门专业示例（附加要求）
AP 课程体系	3~4 门 AP 科目，成绩均为 4 分及以上（部分专业要求 5 分）；科目需与申请专业相关（如工程类需 AP 微积分 BC、物理 C）	计算机科学（BSc CS）：AP 微积分 BC 4 分 + 计算机科学 A 4 分 + 物理 C 4 分 经济学（MA Economics）：AP 微积分 BC 4 分 + 宏观 / 微观经济学 4 分

续表

类别	具体要求	热门专业示例（附加要求）
A-Level 课程体系	最低要求 ABB-BBB（视专业而定），核心科目需达到 B 及以上；接受部分科目重考成绩	机械工程（BEng）：数学 A + 物理 B 心理学（MA Psychology）：生物 / 数学 B + 心理学 / 社会学 B
IB 课程体系	总分 32~36 分，HL 科目 5~6 分（理工科需 HL 数学 / 物理）；SL 科目需 ≥ 5 分	生物医学（BSc Biomedicine）：HL 生物与化学 5 分 商科（MA Business）：HL 数学 AA/AI 5 分
中国普通高中（高考）	高考直录：需达到总分 70%~80%（如满分 750 分需 525~600 分） 未达直录：需完成格拉斯哥大学认可预科（如 Glasgow International College），均分 ≥ 65%	会计与金融（MA Acc & Fin）：高考数学 ≥ 120 分（满分 150 分） 法律（LLB）：预科均分 ≥ 70%
雅思	总分 6.5+（单项 ≥ 6.0）	医学 / 法律：总分 7.0+（单项 ≥ 7.0） 工程类：总分 6.5+（单项 ≥ 6.0）
托福	总分 90+（阅读 ≥ 20，听力 ≥ 19，口语 ≥ 19，写作 ≥ 23）	接受 TOEFL iBT Home Edition
PTE Academic	总分 60+（单项 ≥ 59）	需通过官方成绩单直接送分

资料来源：根据学校官网数据整理统计。

三、中国学生录取背景

中国学生的活动类型多集中在学术竞赛类活动和科研类活动，因为英国大学只考核学生的学术能力与潜力，并不对非学术类活动进行考核。

四、专家观点与建议

1. 学术为先：确保成绩达标，尤其是数学、经济等核心科目。
2. 实践赋能：通过竞赛、实习或科研项目等方式提升差异化竞争力。
3. 灵活选专业：利用苏格兰学制特点，逐步聚焦学术兴趣。

五、研究生申请综合指标

格拉斯哥大学以"学术传统 + 实践创新"为核心逻辑，商科、数据科学及医学领域尤其注重学科交叉能力与行业应用经验。申请者需通过高质量科研论文、深度实习经历及精准匹配格拉斯哥大学研究特色（如亚当·斯密经济学遗产、医学与生命科学前沿）提升竞争力。

考试类型	最低要求	竞争力标准
GPA	硕士：3.0/4.0	热门专业（如金融学）实际录取均分 80%+
GRE/GMAT	商科建议提交（GMAT 630+/GRE 310+）	金融学需 Quant 80%+
语言成绩	雅思 6.5（单项 ≥ 6.0）或托福 90（单项 ≥ 20）	法学 / 医学需更高（如雅思 7.0+，单项 ≥ 6.5）

资料来源：根据学校官网数据整理统计。

伯明翰大学

伯明翰大学以"学术扎实 + 产业联动"为核心逻辑，商科、工程及计算机领域需通过高标化成绩和实践项目经验展现竞争力。

一、录取数据

根据英国高等教育统计局（HESA）数据，伯明翰大学在读中国学生总数约为 5200 人，其中本科生 2225 人，中国学生占该校国际学生的 40%。伯明翰大学是罗素集团成员中对中国学生最友好的大学之一。

二、中国学生录取标化成绩

类别	具体要求	热门专业示例（附加要求）
AP 课程体系	3 门 AP 科目，成绩为 4 分或以上；需搭配 SAT（总分 1300+）或 ACT（27+）；专业相关科目需高分（如工程类需 AP 微积分 BC+ 物理 C）	计算机科学（BSc CS）：AP 微积分 BC 4 分 + 计算机科学 / 物理 C 4 分 + SAT 1350 经济学（BSc Economics）：AP 微积分 AB 4 分 + 宏观 / 微观经济学 4 分
A-Level 课程体系	最低要求 A*AA-BBB（视专业而定）；核心科目需匹配专业（如数学、物理、化学）	机械工程（BEng）：数学 A + 物理 A 商科（BSc Business）：数学 B + 经济 / 商务研究 B

类别	具体要求	热门专业示例（附加要求）
IB 课程体系	总分 32~38 分，HL 科目 5~7 分（理工科需 HL 数学 / 物理）	生物医学（BSc Biomedical Science）：HL 生物 6 分 + 化学 6 分 心理学（BSc Psychology）：HL 生物 / 心理学 6 分
中国普通高中（高考）	高考直录：需达到总分 75%~85%（如满分 750 分需 563~638 分） 未达直录：完成预科（如伯明翰本校预科，均分 ≥ 65%）	会计与金融（BSc Accounting）：高考数学 ≥ 120 分（满分 150 分） 化学工程（BEng）：高考理科综合 ≥ 80%
雅思	总分 6.0~7.0（单项 ≥ 5.5~6.5）	工程 / 理科：总分 6.0+（单项 ≥ 5.5） 法律 / 医学：总分 7.0+（单项 ≥ 6.5）
托福	总分 80~95（单项 ≥ 19~23）	接受 TOEFL iBT Home Edition
PTE Academic	总分 64~76（单项 ≥ 59~67）	需通过官方成绩单直接送分
豁免条件	全英文授课高中背景（如 IB/AP）可申请豁免，需学校出具证明	—

资料来源：根据学校官网数据整理统计。

三、中国学生录取背景

1. 理科：BPhO（物理奥赛）、UKChO（化学奥赛）、Kaggle 数据科学竞赛。

2. 商科：NEC 全美经济挑战赛、FBLA 商业竞赛、企业财务分析项目。

3. 社科：CTB 全球创新研究大挑战、发表社会调研报告（如《社区养老模式研究》）。

四、专家观点与建议

1. 学术达标：确保成绩达到或超过目标专业要求，尤其是数学、物理等核心科目。

2. 差异化背景：通过高含金量竞赛、科研或实习提升竞争力。

3. 精准定位专业：结合兴趣与录取难度，灵活选择申请方向。

五、研究生申请综合指标

伯明翰大学以"学术扎实 + 产业联动"为核心逻辑，商科、工程及数据科学领域尤其注重实践能力与跨学科背景。申请者需通过高质量科研论文、深度实习经历及精准匹配伯明翰研究特色（如低碳技术、金融科技）提升竞争力。

考试类型	最低要求	竞争力标准
GPA	硕士：3.0/4.0	热门专业（如金融学）实际录取均分 80%+
GRE/GMAT	商科建议提交（GMAT 630+/GRE 310+）	金融学需 Quant 80%+
语言成绩	雅思 6.5（单项 ≥ 6.0）或托福 88（单项 ≥ 20）	法学 / 医学需更高（如雅思 7.0+，单项 ≥ 6.5）

资料来源：根据学校官网数据整理统计。

南安普顿大学

南安普顿大学以"技术创新 + 全球视野"为核心逻辑，工程、计算机及海洋科学领域尤其注重实践能力与跨学科思维。申请者需通过高标化成绩、科研项目及精准匹配南安普顿研究特色（如海事工程、5G 通信）提升竞争力。

一、录取数据

根据英国高等教育统计局（HESA）数据，南安普顿大学在读中国学生总数约为 7230 人，其中授课型硕士在读 5590 人。南安普顿大学凭借工程学、计算机科学与海洋科学等领域的学术优势，吸引大量中国学生申请。

二、中国学生录取标化成绩

类别	具体要求	热门专业示例（附加要求）
AP 课程体系	3~4 门 AP 科目，成绩为 3 分或以上（理工科需 4 分+）；科目需与申请专业相关（如工程类需 AP 微积分 BC、物理 C）	计算机科学（BSc Computer Science）：AP 微积分 BC 4 分 + 计算机科学 A/ 物理 C 3 分 电子工程（BEng Electronic Engineering）：AP 物理 C（力学 + 电磁学）4 分 + 微积分 BC 4 分

续表

类别	具体要求	热门专业示例（附加要求）
A-Level 课程体系	最低要求 ABB-BBB（核心科目需 B 或以上）；部分专业要求数学或科学科目达到 A	航空航天工程（BEng Aerospace Engineering）：数学 A + 物理 B 商科（BSc Business Management）：数学 B + 一门社科科目 B
IB 课程体系	总分 30~34 分，HL 科目 5~6 分（理工科需 HL 数学 / 物理）；SL 科目需 ≥ 4 分	生物医学（BSc Biomedical Sciences）：HL 生物 6 分 + 化学 5 分 心理学（BSc Psychology）：HL 生物 / 心理学 5 分 + 数学 SL 5 分
中国普通高中（高考）	高考直录：需达到总分 75%~80%（如满分 750 分需 563~600 分），且相关单科成绩 ≥ 75% 未达直录：需通过南安普顿大学预科（如 INTO 预科），均分 ≥ 70%	机械工程（BEng Mechanical Engineering）：高考数学 ≥ 80% + 物理 ≥ 75% 时尚设计（BA Fashion Design）：需提交作品集并通过面试
雅思	总分 6.5+（单项 ≥ 5.5~6.0）	工程 / 理科：总分 6.5+（单项 ≥ 5.5） 法律 / 人文：总分 7.0+（单项 ≥ 6.0）
托福	总分 92+（听力 ≥ 17，阅读 ≥ 18，口语 ≥ 20，写作 ≥ 17）	接受 TOEFL iBT Home Edition
PTE Academic	总分 62+（单项 ≥ 51~58）	需通过官方成绩单直接送分

资料来源：根据学校官网数据整理统计。

三、中国学生录取背景

1. 理科：BPhO（物理奥赛）、UKMT 数学竞赛、VEX 机器人竞赛。

2. 计算机：Kaggle 数据科学竞赛、开发个人项目（如算法优化工具）。

3. 工程：参与实验室科研（如材料力学实验）、3D 建模项目。

四、专家观点与建议

1. 学术扎实：确保核心科目成绩达标（如数学、物理等）。

2. 实践导向：通过竞赛、科研或实习等方式凸显技术应用能力。

3. 精准定位：结合学校优势学科（如工程、海洋科学）制定申请策略。

五、研究生申请综合指标

南安普顿大学以工程与计算机科学为核心，融合海洋研究全球领先优势，打造产学研一体化的创新引擎，为科技与可持续发展领域持续输送尖端人才。

考试类型	最低要求	竞争力标准
GPA	硕士：3.0/4.0	热门专业（如计算机科学）实际录取均分 80%+
GRE/GMAT	商科建议提交（GMAT 620+/GRE 310+）	金融学需 Quant 80%+
语言成绩	雅思 6.5（单项 ≥ 6.0）或托福 92（单项 ≥ 20）	工程 / 计算机需更高（如雅思 6.5+，单项 ≥ 6.0）

资料来源：根据学校官网数据整理统计。

利兹大学

利兹大学以"学术严谨 + 实践创新"为核心逻辑，商科、传媒及工程领域需通过高标化成绩和学科深度实践展现竞争力。

一、录取数据

根据英国高等教育统计局（HESA）数据，利兹大学在读中国学生总数约为 5580 人，占该校国际学生的 45%。其中就读授课型硕士的学生 3583 人。利兹大学因其商学院（LUBS）、传媒学院和工程学部的全球声誉，持续吸引中国学生申请。2023 年利兹大学本科录取中国学生为 1500~1800 人（全校国际本科生占比约为 30%），2024 年录取人数为 1600~2000 人（含预科项目学生）。

二、中国学生录取标化成绩

类别	具体要求	热门专业示例（附加要求）
AP 课程体系	3~4 门 AP 科目，成绩为 4 分或以上（部分专业需核心科目 5 分）；科目需与申请专业相关（如工程类需 AP 微积分 BC、物理 C）	机械工程（BEng Mechanical Engineering）：AP 微积分 BC 5 分 + 物理 C（力学）4 分 商科（BSc Business）：AP 微积分 AB 4 分 + 宏观经济学 4 分
A-Level 课程体系	最低要求 ABB-BBB（核心科目需 B 或以上）；接受组合科学（Combined Science）科目成绩	计算机科学（BSc Computer Science）：数学 A + 物理 B 心理学（BSc Psychology）：生物 / 数学 B + 一门社科科目 B
IB 课程体系	总分 32~34 分，HL 科目 5~6 分（理工科需 HL 数学 / 物理）；SL 科目需 ≥ 5 分	法律（LLB Law）：HL 英语 / 历史 6 分 + 总分 34 分 生物科学（BSc Biological Sciences）：HL 生物 6 分 + 化学 5 分
中国普通高中（高考）	高考直录：需达到总分 75%~80%（如满分 750 分需 563~600 分），且相关单科成绩 ≥ 75% 未达直录：需完成认可预科（如 NCUK 预科），均分 ≥ 70%	土木工程（BEng Civil Engineering）：高考数学 ≥ 80% + 物理 ≥ 75% 国际商务（BSc International Business）：高考数学 ≥ 75%
雅思	总分 6.0+（单项 ≥ 5.5）	理工科 / 商科：总分 6.0+（单项 ≥ 5.5） 法律 / 医学：总分 6.5+（单项 ≥ 6.0）
托福	总分 87+（听力 ≥ 20，阅读 ≥ 20，口语 ≥ 22，写作 ≥ 21）	接受 TOEFL iBT Home Edition
PTE Academic	总分 60+（单项 ≥ 56）	需通过官方成绩单直接送分

资料来源：根据学校官网数据整理统计。

三、中国学生录取背景

1. 商科：NEC 全美经济挑战赛、FBLA 商业竞赛、企业财务分析项目。

2. 传媒：CTB 全球创新挑战、独立制作短视频 / 播客（如 B 站 /YouTube 频道）。

3. 工程：VEX 机器人竞赛、3D 建模项目（如 SolidWorks 设计）。

四、专家观点与建议

1.学术达标：确保核心科目成绩符合目标专业要求（如数学、英语等）。

2.差异化背景：通过高含金量竞赛、实践项目或行业实习提升竞争力。

五、研究生申请综合指标

利兹大学以"学科交叉＋产业实践"为核心逻辑，商科、传媒及工程领域尤其注重行业经验与创新思维。申请者需通过高标化成绩、深度实践项目及精准匹配利兹研究特色（如可持续金融、数字文化）提升竞争力。

考试类型	最低要求	竞争力标准
GPA	硕士：3.0/4.0	热门专业（如金融学）实际录取均分 80%+
GRE/GMAT	商科建议提交（GMAT 630+/GRE 310+）	金融学需 Quant 80%+
语言成绩	雅思 6.5（单项 ≥ 6.0）或托福 92（单项 ≥ 20）	传媒／法律需更高（如雅思 7.0+，单项 ≥ 6.5）

资料来源：根据学校官网数据整理统计。

杜伦大学

杜伦大学以"学术卓越＋传统底蕴"为核心逻辑，商科、法律及自然科学领域需通过顶尖标化成绩和深度学科实践展现竞争力。

一、录取数据

根据英国高等教育统计局（HESA）数据，杜伦大学在读中国学生（本科＋硕士＋研究型）总数为 3845 名人，占学校总学生人数的 17.3%。杜伦大学因其人文社科、法学和商科（尤其是会计与金融）的学术声誉吸引中国学生，但规模小于其他罗素集团院校。

二、中国学生录取标化成绩

类别	具体要求	热门专业示例（附加要求）
AP 课程体系	4 门 AP 科目，成绩均为 4 分或以上（核心科目需 5 分）；需搭配 SAT（总分 1350+）或 ACT（28+）；科目需与专业相关（如数学、科学）	物理学（BSc Physics）：AP 微积分 BC 5 分 + 物理 C（力学 + 电磁学）5 分 + SAT 数学 ≥ 700 经济学（BSc Economics）：AP 微积分 AB 5 分 + 宏观 / 微观经济学 4 分
A-Level 课程体系	最低要求 A*AA-ABB（核心科目需 A*/A）；部分专业要求数学或科学科目达到 A*	法律（LLB Law）：AAA（需包含英语或历史 A） 计算机科学（BSc CS）：数学 A+ 物理 A
IB 课程体系	总分 36~38 分，HL 科目 6~7 分（理工科需数学 / 物理 HL）；SL 科目需 ≥ 5 分	国际关系（BA International Relations）：HL 历史 / 政治 6 分 + 英语 SL 6 分 化学（BSc Chemistry）：HL 化学 7 分 + 数学 AA HL 6 分
中国普通高中（高考）	不接受高考直录，需完成以下之一：（1）杜伦认可预科（如 Durham International Study Centre 预科），均分 ≥ 75%；（2）国内本科第一年：985/211 大学均分 ≥ 80%（相关专业）	金融学（BSc Finance）：预科数学模块 ≥ 85% 教育学（BA Education）：预科社科模块 ≥ 80%
雅思	总分 6.5~7.0（单项 ≥ 6.0~6.5）	理工科 / 商科：总分 6.5+（单项 ≥ 6.0） 法律 / 英语文学：总分 7.0+（单项 ≥ 6.5）
托福	总分 92~100（写作 ≥ 23~27，其他单项 ≥ 20~23）	接受 TOEFL iBT Home Edition
PTE Academic	总分 62~68（单项 ≥ 59~62）	需通过官方成绩单直接送分

资料来源：根据学校官网数据整理统计。

三、中国学生活动录取背景

1. 理科：BPhO（物理奥赛）、UKChO（化学奥赛）、发表科研论文（如期刊二作）。

2. 社科：NEC 经济挑战赛、模拟联合国（Best Delegate 奖项）、独立社会调研项目。

3. 文科：学术写作比赛（如 John Locke Essay Competition）、文学翻译项目。

四、专家观点与建议

杜伦大学对中国学生的录取注重"学术严谨性 + 学科匹配度",建议申请者:

1. 学术优先:确保成绩达标,核心科目(如数学、英语)表现突出。

2. 软实力差异化: 通过高含金量竞赛、科研或社会实践塑造独特学术画像。

3. 善用学院制优势:在文书中体现对杜伦学院文化的理解与契合度。

五、研究生申请综合指标

杜伦大学以"学术精英 + 职业导向"为核心逻辑,商科、法学及教育学领域尤其注重顶尖学术背景与行业顶尖实践经验。

考试类型	最低要求	竞争力标准
GPA	硕士:3.3/4.0	热门专业(如金融学)实际录取均分 85%+
GRE/GMAT	商科强制提交(GMAT 680+/GRE 325+)	金融学需 Quant 85%+
语言成绩	雅思 7.0(单项 ≥ 6.5)或托福 102(单项 ≥ 23)	法学需雅思 7.5+(单项 ≥ 7.0)

资料来源:根据学校官网数据整理统计。

第 4 章 德国进入 2025 年 QS 排名前 100 的大学

大学名称	2024 年QS 排名	2025 年QS 排名	优势领域
慕尼黑工业大学	37	28	工程（机械、汽车）、计算机科学、可再生能源
慕尼黑大学	54	59	医学、物理学、哲学、法学
海德堡大学	87	84	生命科学、医学、化学、神学
柏林自由大学	118	97	政治学、社会学、地球科学、数据科学、生物学
亚琛工业大学	106	99	机械工程，电气工程与信息技术，材料科学与工程，计算机，信息技术，可再生能源

资料来源：根据 QS 官网数据整理统计。

慕尼黑工业大学

慕尼黑工业大学以学术能力和语言水平为核心，工程、计算机等专业竞争尤为激烈。

一、录取数据

根据德国学术交流中心（DAAD）和慕尼黑工业大学非官方统计，该校在读中国学生（本科、硕士与博士）总数约为 3200 人，占国际学生总数的 15%~20%。作为德国 TU9 联盟顶尖院校，慕尼黑工业大学在工程、计算机科学及自然科学领域的卓越声誉吸引了大量中国学生，尤其是硕士项目（如机械工程、电子信息）占中国学生群体的 70% 以上。本科课程以德语为主，部分国际课程（如信息工程）提供英语授课。本科生国际学生占比约为 25%，中国学生主要集中在机械工程、计算机科学及电气工程专业。

二、中国学生录取标化成绩

1. 学术成绩。

• 高考：需达到一本线以上（如满分 750 分，建议 600 分 +，医学 / 法学需 650 分 +）。

• 德国预科（Studienkolleg）：未直接达标的中国学生需通过预科考试（如 M-Kurs 医学预科）。

• 课程匹配度：慕尼黑工业大学严格审核高中课程与申请专业的匹配性（如申请心理学需生物 / 数学成绩突出）。

2. 语言要求。

• 德语授课：需 TestDaF 4×4 或 DSH-2（医学 / 法学需更高语言水平）。

• 英语授课：少数硕士课程接受英语申请（如部分物理 / 计算机专业），需雅思 6.5+ 或托福 88+。

3. 软实力。

• 文科：发表学术论文（如历史 / 哲学期刊）、参与国际模联（Best Delegate 奖项）。

• 自然科学：实验室科研（如中国科学院实习）、国际竞赛（如国际生物奥赛 IBO）。

• 医学：医院实习、医学志愿者经历（需德国认可资质）。

三、专家观点与建议

1. 学术深度：文科需理论素养，理科需科研潜力。

2. 语言能力：德语水平决定文科录取成功率，英语项目需突出国际化背景。

3. 文化适应性：动机信中体现对德国学术传统（如洪堡教育理念）的理解。

四、研究生录取综合指标

类别	具体要求
学历要求	中国教育部认可的全日制本科毕业，持有学士学位 申请专业需与本科课程高度相关（课程匹配度 ≥ 75%） 均分要求：211/985 院校建议 ≥ 80%，双非院校建议 ≥ 85%（部分专业可能更高）
语言要求	德语授课：TestDaF 4×4 / DSH-2 / 歌德 C2 证书 英语授课：雅思 6.5+（单项 ≥ 6.0）或托福 88+（单项 ≥ 20） 特殊要求：部分专业（如计算机科学）可能要求雅思 7.0+ 或托福 100+
APS 审核证书	必须通过 APS（留德人员审核部）学历审核，获得 APS 证书
核心材料	本科成绩单（中英文公证件）、学位证 / 在读证明（中英文公证件）、课程描述（需与申请专业匹配）、语言成绩单（德语 / 英语）、APS 证书、个人简历（Europass 格式）
附加材料	推荐信：1~2 封（教授或工作主管） 动机信：明确研究兴趣与职业规划（1~2 页） 作品集 / 研究计划：部分专业（如建筑、设计）需提交
GRE/GMAT	部分专业（如管理、计算机科学）建议提交 GRE（Quant ≥ 160）或 GMAT（≥ 600）成绩
实习 / 科研经历	工程类、商科类专业优先考虑相关实习或科研经历（需提供证明）

资料来源：根据学校官网数据整理统计。

慕尼黑大学

慕尼黑大学以语言能力和课程匹配度为核心，医学、计算机等专业竞争激烈。建议申请者优先攻克德语 / 英语门槛，通过 DAAD 或 LMU 奖学金减轻经济压力，并利用德国"双元制"实习提升就业竞争力。

一、录取数据

根据德国学术交流中心（DAAD）及慕尼黑大学公开数据，慕尼黑大学在读中国学生（本科、硕士与博士）总数约为 1800 人，占国际学生的

10%~15%。作为德国精英大学之一，慕尼黑大学在自然科学、医学和人文社科领域吸引中国学生，但受德语授课比例高、录取流程严格的影响，中国学生规模小于英国院校。本科课程以德语为主，研究生课程德语 / 英语并行（如数据科学、国际关系课程提供英语授课）。国际学生占比约为 18%，中国学生主要集中在自然科学、经济学及信息学领域。该校的热门专业（如机械工程、计算机科学）录取率约为 20%，冷门专业（如地球科学）录取率较高（约为 35%）。

二、中国学生录取标化成绩

1. 学术要求如下表所示。

类别	具体要求	备注
学历背景	高中毕业证（需通过 APS 审核）+ 高考成绩（需达到 211 大学录取线）	非高考生需提供 IB/A-Level/SAT 等国际课程成绩（如 IB 课程 ≥ 32）
课程匹配度	申请专业需与高中文理分科匹配（如医学需理科背景）	申请心理学专业需高中生物 / 数学成绩优异
入学考试	部分专业需参加校内考试（如医学需 TestAS 成绩）	以数学、逻辑测试为主（可参考往年真题）

资料来源：根据学校官网数据整理统计。

2. 语言要求如下表所示。

课程类型	语言要求	备注
德语授课	DSH-2 / TestDaF 4×4 / 歌德 C1 证书	无德语基础者可申请预科（Studienkolleg，1 年，费用为 8000~12000 元人民币）
英语授课	雅思 6.5+（单项 ≥ 6.0）或托福 88+（仅限国际课程）	仍需基础德语（建议 A2 水平）

资料来源：根据学校官网数据整理统计。

3. 补充信息：高考成绩需达到一本线以上（如满分 750 分，建议 600 分 +，医学 / 法学需 650 分 +）。未直接达标的中国学生需通过预科考试（如 M-Kurs 医学预科）；慕尼黑大学严格审核高中课程与申请专业的匹配性（如申请心理学需生物 / 数学成绩突出）。

三、专家观点与建议

1.硬性门槛是前提：课程匹配度＋语言能力（德语／英语）。

2.加强软性优势：科研／竞赛证明学术潜力，实习体现实践能力。

3.说明动机明确：清晰阐述为何选择慕尼黑大学及德国（如工业4.0资源、"双元制"教育）。

四、研究生录取综合指标

1.学术要求如下表所示。

类别	具体要求	备注
学历背景	相关领域学士学位（需 APS 认证＋课程匹配度≥80%）	双非院校学生需均分≥85% 或发表论文（如 EI/Scopus）
GPA 要求	均分≥2.5（德国 5 分制，即中国百分制≥80%）	竞争激烈的专业（如计算机科学）要求均分≥85%
研究计划	研究型硕士／博士需提交德语／英语研究计划（与导师研究方向相契合）	例如：申请物理学博士需明确量子计算或凝聚态方向

资料来源：根据学校官网数据整理统计。

2.语言要求如下表所示。

课程类型	语言要求	备注
德语授课	DSH-2 / TestDaF 4×4	法学、医学需更高语言水平（如 TestDaF 5×4）
英语授课	雅思 7.0+（单项≥6.5）或托福 100+	部分专业需 GRE（如经济学硕士要求 Quant≥160）
双语项目	德语 B2＋英语 C1（如国际关系与公共政策）	需提交双语言证明

资料来源：根据学校官网数据整理统计。

海德堡大学

海德堡大学以德语能力和学科匹配度为核心，医学、心理学等专业竞争激烈。中国学生需优先攻克语言关，通过 APS 审核并强化专业背景（竞赛 / 实习）。

一、录取数据

根据德国联邦统计局（Destatis）数据，海德堡大学在读中国学生（本科、硕士与博士）总数约为 1200 人，占该校国际学生总数的 8%~12%。本科课程以德语为主，仅少数跨学科专业（如跨文化研究）提供英语授课，国际学生占比约为 12%，中国学生主要集中在医学、自然科学及汉学专业。医学、法学等限制性专业（Numerus Clausus, NC）录取率低于 8%，文科（如历史、哲学）及自然科学（如物理、化学）录取率约为 20%。

根据德国学术交流中心（DAAD）内部数据估算，2023/2024 学年海德堡大学中国新生（本科、硕士与博士）录取人数约为 260 人，其中硕士占比约为 50%。

二、中国学生录取标化成绩

1. 学术成绩。

● 高考需达到一本线以上（如满分 750 分，建议 600 分 +，医学 / 法学需 650 分 +）。

● 德国预科（Studienkolleg）：未直接达标的学生需通过预科考试（如 T-Kurs 医学预科、W-Kurs 社科预科）。

● 课程匹配度：严格审核高中课程与申请专业的匹配性（如申请生物医学需生物 / 化学成绩突出）。

2.语言要求。

● 德语授课：需 TestDaF 4×4 或 DSH-2（医学专业需更高语言能力，建议 TestDaF 5×4）。

● 英语授课：只有极少本科专业（如跨文化研究）接受英语申请（雅思 6.5+ 或托福 90+）。

三、专家观点与建议

1.语言强化是关键：提前 2 年学习德语，优先考取 TestDaF 4×4（建议参加歌德学院培训）；英语授课专业需雅思 6.5+ 以增加竞争力。

2.扎实学术准备：医学/心理学申请者参与科研实习（如医院、心理诊所），理工科学生积累竞赛奖项（如全国中学生物理竞赛）。

3.进行预科选择：未达直录条件者可申请预科（如 M-Kurs 针对医学/自然科学），通过 FSP 考试后入读本科。

四、研究生录取综合指标

1.学术要求如下表所示。

类别	具体要求	备注
学历背景	相关领域学士学位（需 APS 认证 + 课程匹配度 ≥ 75%）	双非院校学生需均分 ≥ 85% 或发表论文（SCI/SSCI 优先）
GPA 要求	均分 ≥ 2.3（德国 5 分制，即中国百分制 ≥ 80%）	竞争激烈专业（如医学、法学）要求均分 ≥ 85%
研究计划	研究型硕士/博士需提交德语或英语研究计划（与导师研究方向契合）	例如，申请医学博士需明确肿瘤学或神经科学方向，引用海德堡大学附属医院研究成果

资料来源：根据学校官网数据整理统计。

2.语言要求如下表所示。

课程类型	语言要求	备注
德语授课	DSH-2 / TestDaF 4×4	法学、医学需更高语言水平（如 TestDaF 5×4）

续表

课程类型	语言要求	备注
英语授课	雅思 7.0+（单项 ≥ 6.5）或托福 100+	部分专业需 GRE（如经济学硕士 Quant ≥ 160）
豁免条件	德语国家本科毕业或英语国家全英文授课学位	需提供学校官方证明信

资料来源：根据学校官网数据整理统计。

柏林自由大学

柏林自由大学以德语能力和学术匹配度为核心，心理学、政治学等专业竞争激烈。建议申请者优先攻克语言关（TestDaF 4×4），并通过预科或国际项目提升背景。

一、录取数据

根据德国学术交流中心（DAAD）最新统计数据，柏林自由大学在读中国学生（本科、硕士与博士）总数约为 1500 人，占该校国际学生总数的 20%。柏林自由大学以人文社科（如政治学、社会学）和自然科学（如化学、生物学）见长，吸引部分中国学生申请。本科课程以德语为主，仅个别国际课程（如北美研究）提供英语授课。本科生国际学生占比约为 18%，中国学生主要集中在汉学、社会学、经济学等专业。

根据德国联邦统计局（Destatis）内部估算，2023/2024 学年柏林自由大学中国新生（本科 + 硕士）录取人数约为 400 人，其中硕士占比约为 70%。

二、中国学生录取标化成绩

1.学术成绩。

● 高考: 需一本线以上（如满分750分，建议 580 分＋，NC专业需 620 分＋）。

● 德国预科（Studienkolleg）：未直接达标的学生需通过预科考试（如

W-Kurs 社科预科、M-Kurs 医学预科）。

- 课程匹配度：文科需语言 / 历史成绩突出，理科需数学 / 科学科目高分
（如生物 / 化学单科 90%+）。

2. 语言要求。

- 德语授课：需 TestDaF 4×4 或 DSH-2（心理学 / 法学需更高语言能力）。
- 英语授课：部分硕士课程接受英语申请（如国际关系），本科仅少数
专业（如英美研究）提供英语选项（雅思 6.5+ 或托福 90+）。

三、专家观点与建议

1. 加强学科匹配：文科注重跨文化理解，理科强调科研潜力。

2. 提高语言能力：德语决定文科录取上限，英语项目需国际化背景。

3. 进行实践关联：突出对柏林地缘资源（如欧盟机构、智库）的利用计划。

四、研究生录取综合指标

柏林自由大学以跨学科研究能力和语言水平为核心，政治学、计算神经
科学等专业竞争激烈。建议申请者优先选择英语授课项目以降低语言门槛，
并通过国际实习或科研合作提升竞争力。

1. 学术要求如下表所示。

类别	具体要求	备注
学历背景	相关领域学士学位（需 APS 认证 + 课程匹配度 ≥ 70%）	双非院校学生需均分 ≥ 85% 或发表论文（SSCI/SCI 优先）
GPA 要求	均分 ≥ 2.5（德国 5 分制，即中国百分制 ≥ 80%）	竞争激烈的专业（如政治学、计算机科学）要求均分 ≥ 85%
研究计划	研究型硕士 / 博士需提交英语或德语研究计划（需与柏林自由大学研究团队方向契合）	例如，政治学需结合欧洲政治或中德关系研究，引用该校教授成果
专业匹配度	严格审核本科课程相关性（如申请计算神经科学需数学 / 编程基础）	跨专业需补修学分（如文科转环境科学需生态学课程）

资料来源：根据学校官网数据整理统计。

2.语言要求如下表所示。

课程类型	语言要求	备注
德语授课	TestDaF 4×4 / DSH-2（C1 水平）	人文社科专业（如社会学）需德语 C1+ 学术写作能力
英语授课	雅思 6.5+（单项 ≥ 6.0）或托福 95+	部分专业需 GRE（如经济学硕士 Quant ≥ 160）
豁免条件	英语国家全英文授课学位或德语国家本科毕业	需提供学校官方证明信

资料来源：根据学校官网数据整理统计。

亚琛工业大学

一、录取数据

根据德国学术交流中心（DAAD）及亚琛工业大学非官方统计，该校在读中国学生（本科、硕士与博士）总数约为 3200 人，占国际学生总数的 25%。亚琛工业大学因其机械工程、电气工程和计算机科学的全球声誉，长期吸引中国学生，尤其是理工科申请者。

本科课程以德语为主，仅少数国际课程（如机械工程国际班）提供英语授课。国际学生占比约为 22%，中国学生集中在机械工程、电气工程、信息工程等专业。工程类（如机械工程、电气工程）专业录取率约为 22%；计算机科学专业录取率约为 20%；限制性专业（NC）（如医学、建筑学）录取率低于 10%。

二、中国学生录取标化成绩

1.学术成绩。

● 高考：需一本线以上（如满分 750 分，建议 600 分 +，工程专业需 620 分 +）。

- 德国预科（Studienkolleg）：未直接达标的学生需通过预科考试（如 T-Kurs 工科预科）。
- 课程匹配度：严格审核高中课程与专业的匹配性（如机械工程需数学、物理、化学成绩突出）。

2. 语言要求。

- 德语授课：需 TestDaF 4×4 或 DSH-2（部分工科专业可放宽至 TestDaF 4×3）。
- 英语授课：少数硕士课程接受英语申请（如部分计算机专业），本科课程均为德语授课。

3. 软实力。

- 竞赛奖项：全国中学生物理 / 数学竞赛（省级以上奖项）、国际机器人竞赛（如 VEX）。
- 科研经历：实验室项目（如中国科学院项目、高校课题组）、发表论文（EI/SCI 学生作者）。
- 实践项目：德企实习（如西门子、博世）、工程类竞赛（如全国大学生机械设计大赛）。

三、专家观点与建议

1. 硬核学术是关键：理科成绩顶尖，课程匹配度高。

2. 注重实践能力：竞赛、实习、科研项目证明技术应用潜力。

3. 打好德语基础：工科虽可放宽至 TestDaF 4×3，但 B1 以上德语水平会显著提升生活与实习适应性。

四、研究生录取的综合指标

亚琛工业大学 2024 年对中国研究生的录取以课程匹配度与实践能力为核心，机械工程、计算机科学等专业竞争激烈。

1. 学术要求如下表所示。

类别	具体要求	备注
学历背景	相关领域学士学位（需 APS 认证 + 课程匹配度 ≥ 80%）	双非院校学生需均分 ≥ 85% 或发表论文（EI/SCI 优先）
GPA 要求	均分 ≥ 2.5（德国 5 分制，即中国百分制 ≥ 80%）	竞争激烈的专业(如机械工程、计算机科学)要求平均分 ≥ 85%
研究计划	研究型硕士 / 博士需提交英语或德语研究计划（需与 RWTH 研究方向相契合）	例如，申请汽车工程需明确新能源或自动驾驶方向，引用亚琛汽车研究所（IKA）成果
专业匹配度	严格审核本科课程与目标专业的相关性（如申请计算机科学需数学/编程基础）	跨专业需补修学分（如材料转机械需力学课程）

资料来源：根据学校官网数据整理统计。

2. 语言要求如下表所示。

课程类型	语言要求	备注
德语授课	DSH-2 / TestDaF 4 × 4	工程类课程需德语 C1（如 TestDaF 4 × 4）
英语授课	雅思 6.5+（单项 ≥ 6.0）或托福 90+	部分专业需 GRE（如数据科学 Quant ≥ 160）
双语项目	德语 B2 + 英语 C1	需双语言证明（如 TestDaF + 雅思）

资料来源：根据学校官网数据整理统计。

第 5 章　瑞士进入 2025 年 QS 排名前 100 的大学

大学名称	2024 年 QS 排名	2025 年 QS 排名	优势学科（QS 学科全球排名）
苏黎世联邦理工学院	7	7	工程技术（前 5）、计算机科学（前 5）、化学（前 10）
洛桑联邦理工学院	36	26	工程（前 20）、材料科学（前 30）、人工智能（前 50）

资料来源：根据 QS 官网数据整理统计。

苏黎世联邦理工学院

2024 年 10 月 24 日，苏黎世联邦理工学院（ETH）发布了一份极具争议的新安全审查政策，对中国 17 所高校和研究机构实施重要安全检查，加之广泛的辐射作用和对中国学生不友好政策，导致这所理工院校不再是中国学生的选择。

具体名单如下：北京航空航天大学、北京理工大学、北京邮电大学、中国工程物理研究院、中国空间技术研究院、哈尔滨工程大学、哈尔滨工业大学、洛阳理工学院、南京航空航天大学、南京理工大学、国防科技大学、西北工业大学、四川大学、中山大学、天津大学、电子科技大学、中国科学技术大学。

专家观点与建议：由于政策的不确定性，不建议中国学生前往该校就读。

洛桑联邦理工学院

洛桑联邦理工学院（EPFL）录取极度看重数学与自然科学基础，本科成绩（尤其核心课程）需接近满分，硕士申请需提交研究计划并精准匹配教授方向，竞赛获奖（如 IMO/IPhO）是隐性门槛，推荐信许多来自国际知名学者。

一、录取数据

EPFL 未公布国籍细分数据，但国际学生占比为 65%。根据中国驻瑞士使馆统计，2023 年公派博士生 30 人，自费本科与硕士学生 90~120 人。2024 年扩招人工智能硕士，中国学生人数有小幅增长，但增幅极为有限，瑞士不是中国学生传统留学目标国。

二、中国学生录取标化成绩

类别	具体要求	推荐科目 / 附加材料	备注
学术背景	普通高中（高考）：高考（一本线以上）+ 瑞士 ENAC 认证 国际课程：需完成以下课程体系之一：AP 至少 3 门相关科目；IB 总分 ≥ 38，HL 数学 AA + 物理 / 化学；A-Level：A*AA（数学 + 物理 / 化学）	AP 科目：微积分 BC、物理 C、化学、计算机科学 A IB 科目：HL 数学 AA、物理、化学 A-Level：数学、进阶数学、物理	高考成绩需通过瑞士 ENAC 认证（评估周期 2~3 个月），国际课程成绩需由官方直接提交
标化成绩	AP：微积分 BC ≥ 4 分 物理 / 化学至少 1 门 ≥ 4 分 IB：HL 数学 AA ≥ 6，HL 物理 / 化学 ≥ 6 A-Level：数学 A*，物理 / 化学 高考：理科综合成绩 ≥ 85%（重点高中学生优先）	AP 建议：提交 4~5 门 AP 课程成绩（理工科优先） A-Level 建议：附加进阶数学（A 以上） 高考建议：数学 / 物理单科 ≥ 90%	国际课程学生需提交 SAT/ACT 成绩（非强制但建议）：SAT 数学 ≥ 750，ACT 数学 ≥ 34

续表

类别	具体要求	推荐科目 / 附加材料	备注
语言要求	法语：DELF B2/DALF C1（必需） 英语：非必需，但雅思 6.5+/ 托福 90+ 可提升竞争力（部分实验室面试可能要求）	法语考试需在申请截止前通过（建议提前 1 年准备）	EPFL 本科课程为法语授课，语言能力直接影响录取，建议参加法语强化课程
申请材料	1. 高中成绩单（中英文公证） 2. 高考 / 国际课程成绩单（官方认证） 3. 法语证书 4. 个人动机信（法语撰写，500 词） 5. 推荐信（1~2 封，数学 / 科学老师）	竞赛证书（如奥赛、AMC12、物理碗等）；科研 / 项目经历（如科创大赛、GitHub 开源项目）	动机信需明确阐述与 EPFL 工程 / 科学方向的匹配性，突出学术热情与职业规划
附加考试	部分专业需通过 EPFL 数学入学考试（Examens d'admission）考试内容为高等数学与物理逻辑题（法语命题）	考试时间：每年 6 月（需提前注册）；考试语言：法语	中国学生可通过 EPFL 线上预备课程（Cours de Mathématiques Spéciales）备考

资料来源：根据学校官网数据整理统计。

三、专家观点与建议

作为德语本科教学的国家，首要要求是德语过关。由于录取人数过少，不是非常建议本科阶段到这类学校就读本科。这所学校更适合就读硕士和博士。

四、研究生录取综合指标

类别	具体要求	热门专业附加要求	备注
学历背景	中国教育部认可的本科 / 硕士学位（需与申请专业高度相关） 本科 GPA：双一流院校 ≥ 85/100，其他院校 ≥ 88/100	计算机科学硕士：需计算机 / 数学 / 电子工程背景生物工程硕士：需生物 / 化学 / 医学工程背景	跨专业申请需补修核心课程（如申请数据科学需线性代数、概率论成绩）
语言要求	英语：雅思 7.0+（单项 ≥ 6.5）或托福 100+（单项 ≥ 22） 法语：非强制，但建议 A2 水平（适应生活）	微技术硕士：需提交技术英语写作样本金融工程：建议附加 GMAT ≥ 680	语言成绩有效期 2 年，需在申请截止前提交

续表

类别	具体要求	热门专业附加要求	备注
学术材料	1. 学位证 / 成绩单（中英文公证 + 学信网认证） 2. 课程描述（匹配 ECTS 学分体系） 3. 研究计划（1500 词，需关联 EPFL 实验室方向）	博士申请：需 2 篇发表论文（SCI/SSCI 优先） 机器人学硕士：需项目作品集（代码 / 硬件演示视频）	研究计划需引用目标导师近 3 年论文（官网可查课题组）

资料来源：根据学校官网数据整理统计。

第 6 章　瑞典进入 2025 年 QS 排名前 100 的大学

大学名称	2024 年 QS 排名	2025 年 QS 排名	优势学科
瑞典皇家理工学院	73	74	计算机科学、可持续能源工程、机器学习
隆德大学	85	75	国际商务、发展研究、生物医学工程

资料来源：根据 QS 官网数据整理统计。

瑞典皇家理工学院

瑞典皇家理工学院（KTH）是典型的"北欧工业直通车"模式，重视与 ABB、爱立信等企业的实习关联性，硕士申请需课程匹配度 ≥ 90%（学分精确折算），偏爱有可持续技术（如清洁能源）背景的学生。

一、录取数据

根据瑞典高等教育委员会（UKÄ）2022/2023 学年统计报告及 KTH 非官方披露数据，该校在读中国学生（本科、硕士与博士）总数约为 900 人，占国际学生总数的 10%~15%。作为北欧顶尖理工院校，KTH 在计算机科学、可持续能源工程及信息通信技术（ICT）领域的优势吸引大量中国学生。瑞典皇家理工学院每年招收约 3500 名国际学生，国际学生占比约为 15%。中国本科生 180~280 人，占国际本科生总数的 15%。中国学生主要集中在计算机科学、机械工程、可持续能源技术等英语授课项目。

二、中国学生录取标化成绩

1.学术成绩。

• 高考生：理科生需超一本线 100 分 +（满分 750 分），数学、物理成绩优异（如数学 140+/150）。

• 国际课程生：A-Level 至少 2A1A（数学、物理必选 A），IB 需 38+/45（HL 数学、物理需 6 分以上），AP 需 4 门满分（含微积分 BC、物理 C）。

• 语言要求：雅思 6.5+（单项不低于 5.5）或托福 90+（写作不低于 20）。

2.学科特长。

• 竞赛奖项：奥赛省级以上奖项（数学、物理、信息学）、国际科创竞赛（如 ISEF、RoboMaster）获奖者优先。

• 科研实践：参与高校实验室项目（如新能源研究）、发表论文（EI/SCI 级别），或拥有专利（如环保技术）。

• 技术能力：计算机科学申请者需展示编程项目（如 GitHub 开源代码）、机器学习或数据分析案例。

三、专家观点与建议

1. 录取的学科偏好明显：新增本科项目，录取竞争率超过 20%，优先录取有编程作品集（GitHub 链接）的申请者。

2. 可持续技术受重视：因瑞典碳中和政策推动，相关专业扩招了 15%。

3. 政策变化：成绩认证收紧，自 2024 年起，中国学生需通过瑞典高等教育委员会（UHR）直接认证高中学历。

4. 该校增加了面试环节试点：部分热门专业（如计算机科学）增设在线面试，考查逻辑思维与英语表达能力。

四、研究生申请综合指标

类别	具体要求与指标	附加说明 / 隐性权重
硕士申请	本科 GPA ≥ 3.0/4.0（建议 985/211 院校 ≥ 3.2，双非院校 ≥ 3.5） 课程匹配度（核心课程需与目标专业高度相关）	工程类需数学 / 物理课程学分达标（如微积分、线性代数） 隐性偏好国际交换或双学位经历
博士申请	硕士 GPA ≥ 3.5/4.0 至少 1 篇相关领域论文（期刊 / 会议，一作优先）	研究方向需与导师项目高度契合 具有产学合作经验（如企业研发项目）显著加分
英语要求	雅思 ≥ 6.5（单项 ≥ 5.5）或托福 90（写作 ≥ 20） 部分专业如计算机科学要求雅思 ≥ 7.0	商科（如创新管理）需提交英语写作样本 瑞典语能力（非必需）可提升本地就业竞争力
动机信	明确职业目标与 KTH 资源关联（如特定实验室、校企合作项目）	提及教授研究方向或课程名称（展示深度调研）
推荐信	2 封学术推荐信（需包含课程导师及项目负责人）	推荐人来自与 KTH 有合作的高校或企业时更具竞争力
作品集 / 附加材料	建筑 / 设计类需提交作品集（PDF ≤ 15 页） 计算机类建议提供 GitHub 代码库或项目文档	开源项目贡献（如参与北欧开源社区）可提升技术类申请竞争力

资料来源：根据学校官网数据整理统计。

隆德大学

该校以"全人教育"为导向，录取时兼顾学术成绩（GPA ≥ 3.3/4.0）与社会贡献（如 NGO 经历），文科看重批判性写作样本（如哲学小论文），理工科需展示团队项目领导力，奖学金优先授予气候变化研究领域申请者。

一、录取数据

根据瑞典高等教育统计局（UKÄ）报告及隆德大学国际办公室内部数

据，该校在读中国学生（本科、硕士与博士）总数约为 700 人，占国际学生总数的 10%~15%。作为北欧顶尖研究型大学，隆德大学在环境科学、纳米技术及商科领域的研究实力对中国学生具有一定吸引力，但因瑞典语授课本科项目占比较高，中国学生主要集中在英语授课的硕士及博士阶段。隆德大学每年招收中国本科生 100~150 人，占国际本科生总数的 10%~15%。

二、中国学生录取标化成绩

1. 学术成绩。

● 高考生：理科生需超一本线 90 分 +（满分 750 分），文科生需超一本线 70 分 +；部分专业（如生物医学）要求数学 / 化学单科成绩优异。

● 国际课程学生：A-Level 至少 2A1A（数学 / 科学类课程必选），IB 需 36+/45（HL 科目总分不低于 16），AP 需 4 门满分（含微积分、生物 / 化学）。

● 语言要求：雅思 6.5+（单项不低于 5.5）或托福 90+（写作不低于 20），部分文科专业要求雅思写作 7.0+。

2. 学科特长。

● 竞赛与实践：国际关系类偏好模联（MUN）、国际义工经历；工程类需科创竞赛（如 iGEM、环保设计大赛）奖项。

● 科研经历：生物医学专业倾向实验室实习（如基因测序项目），社会科学类需提供田野调查或政策分析报告。

● 跨学科能力：申请"全球研究""可持续发展"等专业需展现多领域融合经验（如环境经济学研究）。

三、专家观点与建议

1. 可申请"欧洲研究""环境科学与社会"等冷门但特色鲜明的学科。

2. 突出"北欧价值观"契合度，如通过环保项目体现对可持续发展的承诺，或通过文化交流展现适应多元环境的能力。

3. 体现科研与写作的优势：发表政策分析文章（如北欧福利模式研究），或撰写社会调研报告。

四、研究生录取综合指标

类别	硕士申请要求	博士申请要求	附加说明
GPA	≥ 3.2/4.0（双非院校需 ≥ 3.5）	≥ 3.5/4.0	核心课程严格匹配（如商科需经济学 / 统计学学分）
研究能力	课程匹配度审核（理工科需数学 / 编程基础）	需提交研究计划（引用导师近 3 年论文），理工科需实验数据或代码库	博士研究计划需方法论创新，关联实验室方向
英语	雅思 ≥ 6.5（单项 ≥ 5.5）或托福 ≥ 90（写作 ≥ 20）商科要求雅思 ≥ 7.0	同硕士要求	商科额外需英语写作样本（如商业案例分析）
动机信	结合跨学科资源（如"碳中和研究中心"）	明确科研目标与导师项目的关联性	需提及具体课程 / 实验室资源（展示深度调研）
推荐信	2 封学术推荐信（建议 1 封来自行业专家）	2 封学术推荐信（需含硕士导师及合作研究者）	行业专家推荐信对商科 / 工程类申请显著加分
实践经历	商科：名企实习 / 创业经历环境科学：田野调查案例	理工科：开源项目 / 专利社科：政策分析报告	环境科学需提交实地调研数据（如水质检测报告）

资料来源：根据学校官网数据整理统计。

第7章　荷兰进入 2025 年 QS 排名前 100 的大学

大学名称	2024 年 QS 排名	2025 年 QS 排名	优势学科 （QS 学科全球排名）	核心特色
代尔夫特理工大学	47	49	土木工程（前3）、建筑学（前5）、航空航天	欧洲"MIT"，产学研结合典范（合作企业：壳牌、飞利浦、空客）
阿姆斯特丹大学	53	55	传媒学（前1）、心理学（前20）、医学	欧洲社科研究重镇，全球顶尖传播学研究中心（与 BBC、路透社合作）

资料来源：根据 QS 官网数据整理统计。

代尔夫特理工大学

代尔夫特理工大学（TU Delft）作为著名的"工程实战派"，其机械与航空专业要求提供 CAD/Simulink 作品集，硕士申请需通过"设计挑战"测试（如限时解决水利模型问题），双非院校学生若在 IEEE 发表论文可直接豁免 GPA 限制。

一、录取数据

根据荷兰教育、文化与科学部（OCW）统计数据及 TU Delft 内部年度报告，该校在读中国学生（硕士、博士与交换生）总数约为 1500 人，占国际学生总数的 15%~20%。作为欧洲顶尖理工院校，TU Delft 在土木工程、航空航天、计算机科学领域的全球声誉吸引大量中国学生，尤其硕士项目申请竞争激烈。TU Delft 全校国际学生约 2000 人，国际生本科占比为 20%，以学习工程与技术学科为主。本科阶段以荷兰语授课为主，英语授课的本科专业极少（如 Aerospace Engineering 专业，即航天工程专业），中国本科生录取人数有限（30~50 人 / 年），占国际本科生总数的 5%~8%。

二、中国学生录取标化成绩

1. 学术成绩。

• 高考生：理科生需超一本线 120 分 +（满分 750 分），数学、物理单科接近满分（如数学 145+/150）。

• 国际课程学生：A-Level 至少 AAA（数学、物理必选），IB 课程需 40+/45（HL 数学、物理 7 分），AP 课程需 5 门满分（含微积分 BC、物理 C 力学 / 电磁学）。

• 语言要求：英语授课专业需雅思 7.0+（单项不低于 6.5）或托福 100+（写作不低于 22）。

2. 学科特长。

• 竞赛奖项：奥赛（数学、物理）省级一等奖以上、国际科创竞赛（如国际太空城市设计大赛、F1 in Schools）获奖者优先。

• 科研实践：参与高校或企业实验室项目（如卫星设计、可持续材料研究）、发表技术论文或拥有专利。

• 技术能力：航空航天工程申请者需展示建模 / 仿真项目（如 CAD 设计、无人机开发），计算机科学申请者需 GitHub 代码库或算法竞赛成绩。

三、专家观点与建议

1. 扎实理工学科，迎接课程强度：以"高难度、重实践"著称，本科第一年淘汰率约为 20%，航空航天工程需完成风洞实验等硬核项目。

2. 体现突出的科研兴趣：大二可加入"TU Delft Dream Teams"（如太阳能赛车团队、水下机器人组），参与国际赛事并发表成果。

3. 挖掘自我特长，充分利用校企合作机会：与空客、壳牌、飞利浦等企业联合开发课程，学生直接参与行业课题（如氢能飞机设计）。

四、研究生录取综合指标

类别	具体要求与指标	附加说明 / 隐性权重
硕士申请	本科 GPA ≥ 3.2/4.0（双非院校需 ≥ 3.5）课程匹配度（核心课程学分严格审核）	工程类需数学 / 物理 / 编程课程达标（如微积分、数据结构）隐性偏好国际竞赛或项目经历
博士申请	硕士 GPA ≥ 3.5/4.0 至少 1 篇相关领域论文（期刊 / 会议，一作优先）	研究方向需与导师项目高度契合 具有产学合作经验（如企业研发项目）显著加分
英语要求	雅思 ≥ 6.5（单项 ≥ 6.0）或托福 ≥ 90（单项 ≥ 21）部分专业如计算机科学要求雅思 ≥ 7.0	动机信需展示英语学术写作能力 荷兰语能力（非必需）可提升本地实习机会
动机信	明确职业目标与 TU Delft 科研资源相关联（如"机器人实验室"或"水利工程中心"）	提及导师研究方向或课程模块（展示深度调研）
推荐信	2 封学术推荐信（需包含课程导师及项目负责人）	推荐人来自合作院校或企业（如飞利浦、ASML）更具竞争力
作品集 / 附加材料	建筑 / 设计类需提供作品集（PDF ≤ 20 页）计算机类建议提供 GitHub 代码库或项目文档	参与开源项目（如 ROS 机器人系统）可提升竞争力

资料来源：根据学校官网数据整理统计。

阿姆斯特丹大学

阿姆斯特丹大学（UvA）是著名的"社科数据控"，心理学与经济学录取强调量化背景（需修过 R/Python 课程），商学院要求 GMAT ≥ 650 且动机信嵌入鹿特丹港案例，法学硕士需提交欧洲人权法庭判例分析报告。

一、录取数据

根据荷兰高等教育国际交流协会（Nuffic）统计报告及阿姆斯特丹大学非

公开数据，该校在读中国学生（本科、硕士与博士）总数约为 800 人，占国际学生总数的 8%~12%。作为荷兰顶尖综合性大学，UvA 在商科（如经济学、金融学）、社会科学（如国际关系、传播学）及人工智能领域的英语授课项目吸引中国学生。阿姆斯特丹大学本科阶段以荷兰语授课为主，英语授课的本科专业较少（如心理学、经济学、政治学），中国本科学生共 250 名左右，占国际本科生总数的 5%~8%。中国学生主要集中于心理学、经济学、传媒学等英语授课专业，录取率为 5%~10%。

二、中国学生录取标化成绩

1. 学术成绩。

• 高考生：文科生需超一本线 80 分 +（满分 750 分），理科生超一本线 100 分 +；心理学专业要求数学 / 生物单科成绩突出。

• 国际课程生：A-Level 至少 2A1A（数学 / 社会科学类课程必选），IB 需 36+/45（HL 总分不低于 16），AP 需 4 门满分（含微积分、统计学）。

• 语言要求：英语授课专业需雅思 6.5+（单项不低于 6.0）或托福 92+（写作不低于 22）。

2. 学科特长。

• 竞赛与实践：申请心理学需心理学实验或社会调研经历；经济学偏好商业案例分析竞赛（如 FBLA）、投资模拟赛成绩。

• 科研经历：政治学 / 国际关系专业倾向模联（MUN）、政策分析报告；传媒学需作品集（如短片、新闻稿件）。

• 跨学科能力：申请"人工智能与社会"等新兴专业需展现编程基础（如 Python）与社科研究相结合的能力。

三、专家观点与建议

由于荷兰国家很小，选择面较少，而英语教学的专业与学校在本科阶段更少。除非特别喜爱，通常建议本科阶段到更广阔的天地去学习社交。

四、研究生录取综合指标

类别	硕士申请要求	博士申请要求	附加说明
GPA	≥ 3.0/4.0（双非院校需 ≥ 3.3）	≥ 3.5/4.0	商科需核心课程（如微观经济学、统计学）学分达标
课程匹配	严格审核课程相关性（如数据科学需数学 / 编程基础）	研究计划需明确方法论（引用导师近 3 年论文），理工科需代码 / 实验数据	跨学科项目（如 AI+ 伦理学）需提供双重背景证明
英语	雅思 ≥ 6.5（单项 ≥ 6.0）或托福 ≥ 92（单项 ≥ 22）商科 / 法学要求雅思 ≥ 7.0	同硕士要求	商科需额外提交写作样本（如商业计划书）
荷兰语	仅限荷兰语授课项目（需 NT2-2 证书，中国学生极少申请）	同硕士要求	人文社科博士可能需基础荷兰语（如档案研究）
动机信	需结合 UvA 特色（如"数字人文实验室"或"欧洲商科联盟"）	明确科研目标与院系资源的关联性（如引用特定研究中心）	博士动机信需包含技术路线图（如实验设计 / 算法框架）
推荐信	2 封学术推荐信（建议 1 封来自行业专家，商科需企业推荐）	2 封学术推荐信（需含硕士导师及合作研究者）	行业推荐信对应用型学科（如金融科技）显著加分
实践经历	商科：名企实习 / 创业案例 数据科学：Kaggle 竞赛 /GitHub 项目	理工科：专利 / 开源贡献 社科：政策分析 / 田野调查	心理学需临床 / 实验经历（附伦理审核证明）

资料来源：根据学校官网数据整理统计。

第 8 章 法国进入 2025 年 QS 排名前 100 的大学

大学名称	2024 年 QS 排名	2025 年 QS 排名	优势学科 （QS 学科全球排名）	核心特色
巴黎文理研究大学	24	24	数学（前 5）、物理（前 20）、艺术与人文	法国学术旗舰，诺贝尔奖与菲尔兹奖得主摇篮（如塞尔日·阿罗什）
巴黎理工学院	38	46	工程（前 30）、计算机科学（前 50）、数据科学	法国顶尖工程师学院，国防与航天领域权威（达索、空客合作）
索邦大学	59	63	医学（前 30）、文学（前 20）、海洋科学	欧洲最古老大学之一，法国国家科研中心（CNRS）核心合作伙伴
巴黎萨克雷大学	71	73	数学（前 1）、物理（前 10）、农业科学	合并多所顶尖院校，主导法国"卓越计划"，奥赛校区为欧洲最大科研集群

资料来源：根据 QS 官网数据整理统计。

巴黎文理研究大学

巴黎文理研究大学（PSL）以"精英小班制"策略著称，硕士项目全球仅招 20~30 人，强制要求本科院校 QS 排名前 200，录取重点考察与 CNRS 实验室的课题契合度，哲学专业需精通法语与德语古典文献阅读。

一、录取数据

根据法国高等教育署（Campus France）统计及 PSL 国际办公室内部数据，该校在读中国学生（本科、硕士与博士）总数约为 500 人，占国际学生总数的 6%~10%。但因法语授课课程比例较高且申请流程复杂，中国学生规模相对有限，中国本科生录取人数极低（10~20 人 / 年），占国际本科生总数的 1%~3%。热门专业（如数学、物理、哲学）录取率低于 3%，需通过严格学术评估及法语 / 英语面试。

二、中国学生录取标化成绩

1.学术成绩。

● 高考生：理科生需超一本线 130 分 +（满分 750 分），数学、物理单科接近满分；文科生需全省前 0.5%。

● 国际课程生：A-Level 至少 AAA（数学 / 科学类课程必选），IB 需 42+/45（HL 数学、物理 7 分），AP 需 5 门满分（含微积分 BC、物理 C）。

● 语言要求：法语授课专业需 DELF B2/TCF 成绩 400+；英语授课项目需雅思 7.0+（单项不低于 6.5）或托福 100+。

2.学科特长。

● 竞赛奖项：奥赛（数学、物理、哲学）国家级奖项、法国 Concours Général 优胜者、国际科创竞赛（如 ISEF）获奖者优先。

● 科研实践：参与顶尖实验室项目（如 CNRS、索邦大学联合课题）、发表学术论文（如数学建模、量子物理领域）。

● 人文素养：哲学、历史专业需提交学术论文（法语 / 英语），展现批判性思维与跨文化研究能力。

三、专家观点与建议

1.优先申请英语授课项目（如跨学科科学学士），或法语授课基础学科（如数学、哲学）。

2.奖学金机会：优秀学生可申请"埃菲尔奖学金"（覆盖生活费）或"PSL

卓越奖学金"，需单独提交研究计划。

3. 建议同步申请索邦大学、巴黎理工学院，或选择 PSL 合作院校（如北京大学"PSL- 北大双学位项目"）。

四、研究生录取综合指标

类别	具体要求	附加说明
硕士	本科 GPA ≥ 3.3/4.0（双非院校需 ≥ 3.7）核心课程匹配（如数学硕士需实分析 / 拓扑学）	部分专业（如金融数学）需 GRE（数学 ≥ 168）隐性偏好国际交换或科研实习经历
博士	硕士 GPA ≥ 3.5/4.0 研究计划需引用 PSL 导师近 5 年成果	需提前 6 个月联系导师并获书面支持意向跨学科项目（如 AI+ 哲学）优先
英语项目	雅思 ≥ 7.0（单项 ≥ 6.5）或托福 ≥ 100（写作 ≥ 25）	人文社科类需提交学术写作样本（如论文章节）
法语项目	法语 C1（DALF/TCF）（常见于艺术史、文学专业）	需面试（法语答辩研究计划）
动机信	明确与 PSL 实验室 / 教授合作方向（如 IRAMIS 纳米实验室）	未提及具体研究团队者直接淘汰
推荐信	2 封学术推荐信（需含硕士导师）+1 封行业推荐信（如企业 / 博物馆）	艺术类推荐信需来自知名机构（如卢浮宫、蓬皮杜）
作品集 / 研究计划	艺术类需提供作品集（PDF+ 视频链接）博士需 5 年研究规划（含方法论与预算）	人工智能类需开源代码库（GitHub）或专利证明

资料来源：根据学校官网数据整理统计。

巴黎理工学院

巴黎理工学院以"数理修罗场"闻名，工程师项目录取率仅为 8%，中国学生需通过 ConcoursX 数学测试（难度超过中国奥赛），动机信需体现"法兰西科技强国"价值观。

一、录取数据

根据法国高等教育署（Campus France）统计及校方内部数据，巴黎理工学院在读中国学生（本科、硕士、工程师项目与博士）总数约为 350 人，占该校国际学生总数的 10%~15%。作为法国顶尖工程师院校（QS 工程学科全球排名前 30），其数学、物理、计算机科学及能源工程领域的精英教育吸引中国学生。本科阶段以英语授课为主，每年全球招生 180~200 人，中国学生录取人数极少（15~25 人 / 年），占国际本科生总数的 8%~12%。近年来中国申请者 300~400 人 / 年，录取率 5%~8%。

所学专业中的热门方向（如数学与计算机科学、物理与工程）录取率低于 5%，需通过高难度数学逻辑测试。

二、中国学生录取标化成绩

1. 学术成绩。

● 高考生：理科生需全省前 0.3%（满分 750 分），数学单科接近满分（如 148+/150），物理 / 化学成绩全省前 0.5%。

● 国际课程生：A-Level 至少 AAA（数学、物理必选 A），IB 需 42+/45（HL 数学、物理 7 分），AP 需 5 门满分（含微积分 BC、物理 C）。

● 语言要求：雅思 7.0+（单项不低于 6.5）或托福 100+（写作不低于 25）。

2. 学科特长。

● 竞赛奖项：国际奥赛（数学、物理、信息学）国家级奖项、丘成桐科学奖、欧洲物理 / 数学奥林匹克竞赛（EuPhO/EMO）获奖者优先。

● 科研实践：参与顶尖实验室项目（如中国科学院、法国国家科研中心 CNRS）、发表 SCI 论文（如 AI 算法、量子计算领域）。

● 技术能力：计算机科学申请者需展示编程项目（如 GitHub 开源代码库）、算法竞赛（如 ACM-ICPC）成绩。

三、专家观点与建议

1. 突出"科学探索与社会责任"。例如，用数学模型解决环境问题，或开发开源工具促进教育公平。

2. 奖学金机会：优秀学生可申请 "École Polytechnique Excellence Scholarship"（覆盖 50% 学费），或法国政府 "埃菲尔奖学金"（全额资助）。

3. 可同步申请巴黎文理研究大学（PSL）、巴黎理工 - 麻省理工双学位项目。

四、研究生录取综合指标

类别	硕士申请要求	博士申请要求	隐性筛选标准
学术背景	本科 GPA ≥ 3.5/4.0（985/211 优先） 课程匹配（数学 / 工程学分≥总学分 30%）	硕士 GPA ≥ 3.7/4.0；至少 1 篇 SCI/EI 论文（一作）	工程类需提供项目代码（GitHub）或专利，数学类需提供竞赛 / 建模获奖证明
语言要求	英语项目：雅思 ≥ 7.0（单项 ≥ 6.5）或托福 ≥ 100 法语项目：C1（TCF/DALF）	同硕士要求	博士申请需法语 B2（部分实验室要求参与法语会议）
申请材料	研究计划（关联实验室方向） 2 封推荐信（1 封需来自领域权威）	博士提案（需引用至少 3 篇导师论文） 3 封推荐信（含硕士导师及合作学者）	动机信中需明确提及实验室资源（如 "流体力学中心" 或 "量子计算组"）
选拔流程	初审：GPA+ 课程匹配度 复审：技术面试（现场解题 / 代码审查）	初审：论文质量 + 研究提案 终审：导师组答辩（全法 / 英文）	硕士面试可能涉及数学建模（如有限元分析），博士答辩需展示方法论创新性

资料来源：根据学校官网数据整理统计。

索邦大学

索邦大学是著名的 "人文殿堂"，古典文学硕士要求拉丁语 B2 证书与中世纪手稿研究经历，理科申请需在动机信中引用法兰西科学院院士著作，博士录取由院士直接票决，法语 C1 是文科生 "死线"。

一、录取数据

根据法国高等教育与研究部（MESRI）报告及索邦大学内部数据，该校在读中国学生（本科、硕士与博士）总数约为 900 人，占国际学生总数的 6%~10%。作为法国顶尖综合性大学，索邦大学在数学、物理、古典文学和医学领域的学术声誉吸引中国学生。索邦大学本科阶段以法语授课为主，英语授课项目极少（如数学与计算机科学），中国本科生录取人数有限（50~80 人 / 年），占国际本科生总数的 3%~5%。在读中国学生中，主要是研究生和博士。

近年来，中国申请者约 800 人 / 年（集中于人文社科、基础科学领域），录取率为 4%~7%。就读的热门专业（如文学、数学、物理）录取率低于 5%，需通过严格学术评估及法语 / 英语面试。

二、中国学生录取标化成绩

1. 学术成绩。

● 高考生：理科生需超一本线 100 分 +（满分 750 分），数学 / 物理单科全省前 1%；文科生需法语水平优异（DELF B2+）且高考语文 / 历史成绩突出。

● 国际课程生：A-Level 至少 2A1A（数学、科学 / 人文课程必选），IB 需 38+/45（HL 相关科目 6 分以上），AP 需 4 门满分（含微积分、欧洲史等）。

● 语言要求：法语授课专业需 DELF B2/DALF C1；英语授课项目（如数学）需雅思 6.5+（单项不低于 6.0）或托福 90+。

2. 学科特长。

● 竞赛奖项：文科生需法语文学竞赛（如 "傅雷翻译奖"）、哲学论文奖项；理科生需奥赛（数学、物理）省级以上奖项或国际科创竞赛（如 ISEF）成果。

● 科研实践：理科生参与高校实验室项目（如量子计算、材料科学），文科生需发表学术论文（如法国文学批评、历史研究）。

● 文化素养：申请人文社科专业需精通法国历史文化，如通过法语撰写《启蒙运动对现代欧洲的影响》等主题论文。

三、专家观点与建议

1. 重视科研与法国文化的融合。

2. 同步申请巴黎三大（新索邦大学）、里昂二大等法语授课高校，或中外合作项目（如中山大学—索邦大学联合培养）。

四、研究生录取综合指标

类别	具体要求	隐性权重 / 附加说明
硕士申请	GPA ≥ 3.2/4.0（双非院校需 ≥ 3.5）课程匹配度（如数学硕士需本科修满实分析、拓扑学）	理工科需竞赛获奖（如全国大学生数学建模竞赛）或实验室经历 文科需法语文学 / 哲学原著阅读能力
博士申请	GPA ≥ 3.5/4.0 至少 1 篇相关领域论文（文科需法语论文）	研究方向需与导师课题高度契合（建议提前 6 个月联系导师）需提交详细研究计划（含方法论与文献综述）
法语授课项目	DELF B2/DALF C1（文科强制 C1）部分理工科接受英语（雅思 ≥ 6.5）	动机信需用法语撰写（展示学术写作能力）面试可能用法语进行（考察专业术语应用）
英语授课项目	雅思 ≥ 6.5（单项 ≥ 6.0）或托福 ≥ 90（仅限部分理工，如"数据科学"硕士）	英语项目仍需基础法语能力（A2 水平建议）
动机信	明确学术目标与索邦资源的关联性（如引用实验室或教授著作）	需体现跨学科能力（如"数字人文"项目需同时展示文学与编程技能）
推荐信	2 封学术推荐信（至少 1 封来自本科毕业论文导师）	法国合作院校（如巴黎高师）推荐信显著加分
研究计划 / 作品集	博士需 10~15 页研究计划（含参考文献）艺术史 / 音乐学需作品集或演出录像	理工科需附加代码库（GitHub）或实验数据

资料来源：根据学校官网数据整理统计。

巴黎萨克雷大学

巴黎萨克雷大学是以"跨界科研航母"著称的大学，数学硕士对标 IHES 研究所标准（需抽象代数高阶证明能力），AI 方向强制要求伦理审查报告，博士录取由实验室联盟（如 CEA、INRIA）联合面试，CSC 奖学金通道占比达 40%。难度很大，这也是欧洲大学的普遍风格。

一、录取数据

根据法国高等教育署（Campus France）报告及巴黎萨克雷大学内部统计数据，该校在读中国学生（本科、硕士与博士）总数约为 850 人，占国际学生总数的 10%~15%。作为法国顶尖综合性研究型大学联盟，巴黎萨克雷在数学、物理、计算机科学及生命科学领域的学术资源吸引了大量中国学生。

巴黎萨克雷大学本科阶段以法语授课为主，英语授课项目极少（如数学与计算机科学），中国本科生录取人数有限（30~50 人 / 年），占国际本科生总数的 2%~4%。近年来中国申请者 500~800 人 / 年（集中于数学、物理、工程领域），录取率 4%~6%。热门专业（如数学、人工智能、材料科学）录取率低于 4%，需通过高难度学术评估及法语 / 英语面试。

二、中国学生录取标化成绩

1. 学术成绩。

● 高考生：理科生需超一本线 120 分 +（满分 750 分），数学单科全省前 0.5%，物理 / 化学成绩全省前 1%。

● 国际课程生：A-Level 至少 AAA（数学、物理必选 A），IB 需 40+/45（HL 数学、物理 7 分），AP 需 5 门满分（含微积分 BC、物理 C）。

2. 语言要求：法语授课专业需 DELF B2/DALF C1；英语授课项目需雅思 6.5+（单项不低于 6.0）或托福 90+。

3. 学科特长。

● 竞赛奖项：国际奥赛（数学、物理、化学）国家级奖项、丘成桐科学奖、国际科创竞赛（如 ISEF）获奖者优先。

● 科研实践：参与顶尖实验室项目（如法国国家科学研究中心 CNRS、CEA 原子能研究所），发表 SCI 论文或拥有专利（如纳米材料、量子计算领域）。

● 技术能力：工程类申请者需展示项目成果（如机器人设计、算法优化案例），数学专业需提交 IMO 或数学建模竞赛报告。

三、专家观点与建议

1. 突出"科研潜力与社会价值"。例如，用数学模型优化城市交通，或开发环保材料解决工业污染。

2. 把握奖学金机会: 优秀学生可申请"埃菲尔奖学金"（覆盖生活费）或"萨克雷卓越奖学金"（部分学费减免）。

3. 建议同步申请巴黎理工学院、格勒诺布尔理工学院（Grenoble INP），或中外合作项目（如上海交大—巴黎高科卓越工程师学院）。

四、研究生录取综合指标

类别	硕士申请要求	博士申请要求	附加说明
GPA 要求	本科 GPA ≥ 3.3/4.0（985/211 院校）双非院校需 ≥ 3.6/4.0	硕士 GPA ≥ 3.5/4.0 需发表至少 1 篇国际期刊论文（理工科 SCI，文科 SSCI/法语期刊）	数学/物理类需提供数学竞赛成绩（如全国大学生数学竞赛）
课程匹配	核心课程学分≥总学分 30%（如计算机科学需修满算法、数据结构）	研究领域与导师课题高度契合（需提前联系导师并提交研究提纲）	跨学科项目（如生物信息学）需展示多学科背景
英语项目	雅思 ≥ 6.5（单项 ≥ 6.0）或托福 ≥ 90（理工科为主，如"人工智能与数据科学"硕士）	同硕士要求	英语授课项目仍需法语基础（建议 A2，适应生活交流）
法语项目	DALF C1（文科强制）理工科接受 B2+ 英语辅助	DALF C1（文科）理工科需法语 B2+ 英语能力	法语动机信需展示学术写作能力（文科需引用法语文献）
动机信	明确研究方向与巴黎萨克雷大学资源关联（如引用实验室或教授论文）	10~15 页研究计划（含方法论、参考文献及与导师课题的关联性）	需提及巴黎萨克雷大学合作机构（如 CEA、IHES）
推荐信	2 封学术推荐信（至少 1 封来自本科导师）	2 封学术推荐信（含硕士导师）+1 封目标导师支持信	推荐人若为巴黎萨克雷大学合作学者（如 CNRS 研究员）可加分
附加材料	理工科需代码/实验报告（GitHub 链接），文科需写作样本（如哲学论文）	已发表论文全文＋同行评审意见（如有）	艺术类需作品集（如数字媒体项目需视频/交互设计文件）

资料来源：根据学校官网数据整理统计。

第 9 章　丹麦进入 2025 年 QS 排名前 100 的大学

大学名称	2024 年 QS 排名	2025 年 QS 排名	优势学科 （QS 学科全球排名）	核心特色
哥本哈根大学	107	100	生命科学与医学（前 20）、药学（前 30）、人文社科	北欧学术中心，诺贝尔奖得主摇篮（如量子力学奠基人尼尔斯·玻尔），与诺和诺德制药合作紧密

资料来源：根据 QS 官网数据整理统计。

哥本哈根大学

哥本哈根大学（UCPH）对国际本科生的录取竞争集中在英语授课课程（如全球健康、自然科学），非欧盟学生需满足较高学术与语言要求，并承担较高学费。建议申请者尽早准备语言考试，突出学科优势与跨文化适应能力，并关注奖学金申请机会以减轻经济压力。

一、录取数据

根据丹麦高等教育与科学部统计数据，哥本哈根大学在读中国学生（本科、硕士与博士）总数约为 800 人，占该校国际学生总数的 5%~8%。作为北欧顶尖高校，哥本哈根大学在生命科学、药学及环境科学领域的优势吸引中国学生，但因丹麦语授课课程比例较高，中国学生规模相对有限。哥本哈根大学本科阶段以丹麦语授课为主，英语授课的本科专业较少（如生物技术、全球健康），热门专业（如生物技术、经济学、计算机科学）录取率低于 5%，需通过学术评估及英语面试。中国本科生录取人数有限（40~60 人 / 年），占国际本科生总数的 3%~5%。

二、中国学生录取标化成绩

1. 学术成绩。

● 高考生：理科生需超一本线 110 分 +（满分 750 分），数学 / 生物 / 化学单科全省前 1%；文科生需高考英语 140+/150（申请英语授课项目）。

● 国际课程生：A-Level 至少 2A1A（数学、科学类课程必选），IB 需 38+/45（HL 相关科目 6 分以上），AP 需 4 门满分（含微积分、生物 / 化学）。

● 语言要求：英语授课专业需雅思 6.5+（单项不低于 6.0）或托福 83+；丹麦语授课需通过 PD3 考试（丹麦语高级认证）。

2. 学科特长。

● 竞赛奖项：奥赛（生物、化学、数学）省级一等奖以上、国际科创竞赛（如 iGEM、ISEF）获奖者优先。

● 科研实践：参与高校实验室项目（如基因编辑、环境科学实验）、发表论文（如 SCI/EI 期刊）或拥有专利（如生物医药领域）。

● 社会实践：申请社会科学专业（如全球健康、国际关系）需相关实习（如联合国机构、非政府组织项目）。

三、专家观点与建议

1. 提前规划语言：英语课程需雅思 6.5+，建议高二结束前考取语言成绩；丹麦语课程需至少 B2 水平，建议提前 1~2 年学习。

2. 强化学术背景：申请自然科学专业需突出数学 / 实验能力（如竞赛、科研项目）；社会科学专业建议积累相关实习或志愿经历。

四、研究生录取综合指标

类别	具体要求	备注
学历背景	相关领域学士学位（需经丹麦学历评估机构认证）	中国学生需提供学位证、毕业证及成绩单（中英文公证＋学信网认证）
GPA 要求	均分≥80%（对标丹麦 7 分制 GPA≥8.0）	双非院校学生需均分 85%+ 或发表论文 / 科研项目
专业匹配度	课程匹配度严格（如申请医学需本科为生物 / 医学相关）	跨专业需补充先修课程（如经济学转数据科学需数学 / 编程基础）
研究经历	研究型硕士（MSc）/ 博士（PhD）需提交研究计划（RP）或已发表论文（SCI/SSCI 优先）	例如，公共卫生硕士需流行病学相关研究经验

资料来源：根据学校官网数据整理统计。

考试类型	最低要求	热门专业实际要求
雅思	总分 6.5（单项≥6.0）	医学 / 法学：总分 7.0+（单项≥6.5）
托福	总分 83（网考）	写作≥21
豁免条件	英语国家本科毕业或全英文授课学位	需学校出具官方证明信

资料来源：根据学校官网数据整理统计。

第 10 章　爱尔兰进入 2025 年 QS 排名前 100 的大学

大学名称	2024 年 QS 排名	2025 年 QS 排名	优势学科
都柏林三一学院	81	87	英语语言与文学 古典学与古代史 计算机科学

资料来源：根据 QS 官网数据整理统计。

都柏林三一学院

都柏林三一学院（Trinity College Dublin）的录取风格以学术严谨性与国际化标准为核心，注重学生的学术成绩，录取逻辑强调综合素质匹配——通过个人陈述、推荐信和学科相关性（如工程类必选数学 / 物理）筛选潜力学生，同时倾向录取有明确学术规划且能融入学校研究传统（如人工智能、古典学）的申请者。

一、录取数据

根据爱尔兰教育推广署（Education in Ireland）数据及都柏林三一学院内部统计，该校在读中国学生（本科、硕士与博士）总数约为 980 人，占国际学生总数的 15%~20%。2023—2025 年，中国学生人数为 150~250 人，每年都有稳步增长。作为爱尔兰顶尖高校（QS 全球排名第 81），都柏林三一学院在计算机科学、药学、古典文学及商科领域的声誉吸引中国学生。结合爱尔兰政府《国际教育战略（2024—2028）》，以及对中国市场的重视，预计中国学生人数会进一步增加。

二、中国学生录取标化成绩

课程体系	基本要求	热门专业附加要求	推荐科目
中国高考	总分达一本线 80% 以上（如满分 750，需 ≥ 600）；数学单科 ≥ 120（理工科 / 商科）	计算机科学：总分 ≥ 85% + 数学 ≥ 135 法律：总分 ≥ 85% + 英语 ≥ 130	数学、物理、化学、英语
AP 课程	至少 3 门 AP 科目，每门 ≥ 3；需提交 SAT/ACT（非强制但建议）	计算机科学：AP Calculus BC（≥ 4）+ 1 门科学类 AP（如物理 C） 经济：AP 微积分 + 统计学	微积分 BC、物理 C、化学、计算机科学原理、统计学
A-Level	标准要求：AAA（如数学、物理、化学）；需至少 3 门 A-Level 科目（不接受 AS 成绩替代）	计算机科学：AAA（数学 A+ 物理 A） 医学：A-Level 化学 + 生物 + HPAT 考试	数学、物理、化学、生物、经济
IB 课程	总分 ≥ 34（满分 45）；至少 3 门 HL 科目，单科 ≥ 6	计算机科学：HL 数学 AA ≥ 6 + 物理 / 计算机科学 HL；法律：HL 英语 A 文学 ≥ 6	HL 数学 AA、物理、化学、英语 A 文学、经济
语言要求	雅思总分 6.5+（单项 ≥ 6.0）；托福总分 90+（写作 ≥ 21）；法律 / 英语专业需雅思总分 7.0+（单项 ≥ 6.5）		

资料来源：根据学校官网数据整理统计。

三、专家观点与建议

1. "学术深度 + 精准匹配"为核心策略。确保标化成绩远超基础门槛（如 AP 4 门 4 分 +/ 高考一本线 85%+），热门专业（计算机、医学）需提前 1 年准备附加考试（如 HPAT 或数学竞赛）。

2. 个人陈述需紧扣都柏林三一学院的研究传统（如引用该校人工智能实验室成果或古典学藏书资源），并展示与专业相关的实践项目（如编程作品、科研论文）。

3. 建议同步申请欧盟 Erasmus+ 交换项目以增强竞争力。

四、研究生录取综合指标

项目	具体要求与标准
学历要求	授课型硕士：本科学位（985/211 院校均分 ≥ 75%，双非院校均分 ≥ 80%） 研究型硕士 / 博士：相关领域硕士学位或优秀本科（直博需科研成果）
语言要求	雅思总分 6.5+（单项 ≥ 6.0）；托福总分 88+（写作 ≥ 21）； 商科 / 法律需雅思 7.0+/ 托福 100+
标准化考试	商科硕士需 GMAT ≥ 600 或 GRE ≥ 310（金融类建议 GMAT ≥ 650）；理工科博士需 GRE Quant ≥ 160（非强制但优先）

资料来源：根据学校官网数据整理统计。

第 11 章　比利时进入 2025 年 QS 排名前 100 的大学

大学名称	2024 年 QS 排名	2025 年 QS 排名	优势学科	特色说明
鲁汶大学	61	63	工程与技术、生命科学与医学、计算机科学	比利时顶尖研究型大学，欧洲顶尖理工联盟（IDEA League）成员，人工智能与生物医药领域领先

资料来源：根据 QS 官网数据整理统计。

鲁汶大学

鲁汶大学（KU Leuven）的录取风格以学术精准匹配与科研导向为特色，录取逻辑注重研究潜力——硕士/博士申请需提交详细研究计划并与导师课题组方向契合，理工科建议提交 GRE 成绩（Quant ≥ 160）。学校偏好有论文发表或实验室经验的学生，且对课程内容匹配度（如学分转换审核）近乎苛刻，体现其"小而精"的欧洲顶尖研究型大学定位。

一、录取数据

官方未公开细分国籍数据，但根据比利时高等教育统计局（Statbel）及鲁汶大学国际办公室的模糊口径估算：中国学生（本科、硕士与博士）为 800~1200 人（占国际学生群体总数的 8%~12%）。博士生占比约为 40%（因鲁汶大学科研实力强,吸引大量中国 CSC 奖学金博士生)。

二、中国学生录取标化成绩

课程体系	基本要求	热门专业附加要求	推荐科目
中国高考	高中毕业证 + 高考成绩(总分达一本线 75% 以上);数学 / 科学类专业需数学单科 ≥ 120(满分 150)	工程学:高考总分 ≥ 80% + 数学 ≥ 135 生物医学:高考化学 / 生物 ≥ 85%	数学、物理、化学、生物、英语
AP 课程	至少 3 门 AP 科目(每门 ≥ 3);需提交 SAT/ACT(建议 SAT ≥ 1300 或 ACT ≥ 28)	工程学:AP 微积分 BC(≥ 4)+ 物理 C(力学或电磁学) 经济:AP 微观 / 宏观经济(≥ 4)	微积分 BC、物理 C、化学、统计学、计算机科学 A
A-Level	至少 3 门 A-Level 科目(成绩 ≥ AAB);需 IGCSE 数学 / 科学科目成绩(≥ B)	工程学:A-Level 数学 A* + 物理 A 心理学:A-Level 生物 A + 化学 B	数学、物理、化学、生物、经济
IB 课程	总分 ≥ 34(满分 45);至少 3 门 HL 科目(单科 ≥ 5)	计算机科学:HL 数学 AA ≥ 6 + 物理 / 计算机科学 HL 化学工程:HL 化学 6 + HL 数学 AA5	HL 数学 AA、物理、化学、生物、英语 B HL
语言要求	英语授课:雅思总分 6.5+(单项 ≥ 6.0)或托福 90+(写作 ≥ 20) 荷兰语授课:需 NT2- Ⅱ 证书(部分专业允许入学后补交)		

资料来源:根据学校官网数据整理统计。

三、专家观点与建议

1. 鲁汶大学的录取逻辑是"科研导向 + 学分严控",申请者需精准匹配课程背景。本科阶段重点强化数学 / 科学基础(如 AP 微积分 BC+ 物理 C 双 4 分),硕士申请需提前 1 年套磁教授并提交与目标实验室方向一致的研究计划(建议引用鲁汶近 3 年论文)。

2. 均分不足(如双非院校低于 80%)的学生可通过发表期刊论文或参与 CSC 合作项目弥补。语言要求不可妥协(雅思 6.5+ 需一次性达标),荷语授课专业建议附加 NT2- Ⅱ 考试规划。

3. 工程类申请者务必提交 AMC12 前 5% 证书或 EPQ 研究项目,以凸显问题解决能力。注意 3 月 1 日非欧盟截止日期，推荐信需由课题导师签字并附上实验室合作细节。

四、研究生录取综合指标

类别	具体要求	热门专业附加要求	备注
学历背景	中国教育部认可的本科 / 硕士学位（需与申请专业高度相关）；双非院校学生需均分 ≥ 80/100（211/985 院校 ≥ 75/100）	工程学硕士：需本科为机械 / 电子工程等对口专业 法学硕士：需法学本科且修读过欧洲法 / 国际法课程	跨专业申请需补修核心课程（如计算机硕士需补修数据结构）或通过学分评估考试
语言要求	英语授课：雅思总分 6.5+（单项 ≥ 6.0）或托福 90+（写作 ≥ 20） 荷兰语授课：需 NT2- Ⅱ 证书（部分专业允许入学后补交）	心理学硕士：雅思总分 7.0（写作 ≥ 6.5） 教育学博士：需双语能力（英语 + 荷兰语 B1）	语言成绩有效期 2 年，建议申请前半年考取
成绩要求	本科均分 ≥ 75/100（理工科建议 ≥ 80） 核心课程成绩 ≥ 80 分（如计算机硕士需算法 / 编程 ≥ 85 分）	生物医学硕士：生物 / 化学课程 ≥ 85 分 + 实验室经历证明 经济学硕士：计量经济学 / 数学 ≥ 85 分	双非院校学生建议提供排名证明（如专业前 10%）

资料来源：根据学校官网数据整理统计。

第 12 章　墨西哥进入 2025 年 QS 排名前 100 的大学

大学名称	2024 年 QS 排名	2025 年 QS 排名	优势学科	核心特色
墨西哥国立自治大学	93	94	人文社科、工程	拉丁美洲最大、最权威的公立大学，主校区为"大学城"（世界文化遗产）

资料来源：根据 QS 官网数据整理统计。

墨西哥国立自治大学

墨西哥国立自治大学（UNAM）对中国本科生的录取以西班牙语能力和 EXANI-Ⅱ入学考试为核心门槛，医学、工程等专业竞争激烈。

一、录取数据

根据墨西哥教育部（SEP）国际学生统计及 UNAM 非官方披露数据，该校在读中国学生（本科、硕士与博士）总数约为 200 人，占国际学生总数的 1%~2%。作为拉丁美洲规模最大的公立大学，UNAM 在人文社科、医学和工程领域享有盛誉，但因西班牙语授课为主且中墨学术交流渠道有限，中国学生规模较小。

二、中国学生录取标化成绩

1. 高考生：需高中毕业且成绩优异（重点高中前 20%），部分专业要求数学 / 科学单科成绩突出（如工程学）。

2. 国际课程生：A-Level/IB/AP 成绩需达到中等偏上水平（如 IB 32+/45），无严格分数门槛但需与课程匹配。

3. 语言要求：西班牙语 DELE B2/C1（医学、法学需 C1），英语授课项目极少（如部分研究生课程）。

三、专家观点与建议

1. 语言准备：提前 1~2 年学习西班牙语，目标 DELE B2/C1（医学专业需 C1）；英语授课专业建议雅思 6.5+。

2. 学术强化：重点提升数学、理科成绩（工程 / 医学竞争激烈）；参与科学竞赛或社区服务（UNAM 重视社会责任感）。

3. 考试培训：针对性准备 EXANI- Ⅱ 考试（参见 UNAM 官方模拟题库）。

四、研究生录取综合指标

墨西哥国立自治大学以西班牙语能力和学术匹配度为核心门槛，研究型项目需提前联系导师并提交高质量研究计划。

类别	具体要求	备注
学历背景	相关领域学士 / 硕士学位（需经墨西哥教育部认证）	中国学生需提供学位证、成绩单（公证 + 西班牙语翻译 + 海牙认证或墨西哥使馆认证）
GPA 要求	均分 ≥ 80%（按墨西哥百分制转换）	双非院校学生建议均分 ≥ 85% 或发表论文
研究计划	研究型硕士 / 博士需提交用西班牙语撰写的研究计划（Propuesta de investigación）	需与 UNAM 导师研究方向契合，引用校内教授成果
专业匹配度	严格审核本科课程与目标专业的相关性	跨专业需补充先修课程（如文科转公共政策需统计学基础）

资料来源：根据学校官网数据整理统计。

语言要求如下表所示。

课程类型	语言要求	备注
西班牙语授课	DELE B2/C1 或通过 UNAM 语言中心考试（CELUA）	医学、法学等专业需具备 C1 水平
英语授课	雅思 6.5+（单项 ≥ 6.0）或托福 90+	仅限部分专业（如国际发展、环境科学）
双语项目	西班牙语 B2 + 英语 B2（需双语言证明）	如部分工程联合研究项目

资料来源：根据学校官网数据整理统计。

第13章 智利进入 2025 年 QS 排名前 100 的大学

大学名称	2024 年 QS 排名	2025 年 QS 排名	优势学科	核心特色
智利天主教大学	103	93	教育学、农林科学、法学	智利顶尖综合性大学，拉丁美洲教育研究标杆，与哈佛大学、牛津大学合作密切

资料来源：根据 QS 官网数据整理统计。

智利天主教大学

智利天主教大学（UC）以西班牙语能力和 PAES 考试成绩为核心门槛，工程、医学等专业竞争激烈。

一、录取数据

根据智利教育部（MINEDUC）2022 年国际学生统计数据及大学非官方披露信息，智利天主教大学在读中国学生（本科、硕士与交换生）总数为 150~250 人，占该校国际学生总数的 5%~8%。作为拉丁美洲顶尖学府（QS 拉美排名常年前 3），UC 在社会科学、工程学和环境科学领域吸引少量中国学生，但因以西班牙语授课为主、地理位置较远等，中国学生规模相对较小。

二、中国学生录取标化成绩

1. 学术成绩。

• 高考生：需高中成绩优秀（重点高中前 20%），数学 / 物理单科成绩突出（工程学申请者需高考数学 135+/150）。

• 国际课程生：A-Level/IB/AP 成绩需中等偏上（如 IB 34+/45），无严格分数门槛但需与课程匹配。

• 语言要求：西班牙语 DELE B2/C1（工程学、社会科学需 B2，医学需 C1），英语能力（如雅思 6.0+）为加分项。

2. 学科特长：工程学申请者需机器人竞赛、数学建模奖项；商科倾向商业案例分析（如 Hult Prize）或创业经历；社会科学类需拉美研究论文或非政府组织项目。

三、专家观点与建议

• 语言强化：提前 2 年学习西班牙语，目标 DELE B2（工程 / 商科）或 C1（医学）。英语授课专业建议雅思 6.5+，并辅修基础西班牙语课程。

• 考试准备：针对性训练 PAES 数学与科学科目（可购买 UC 官方备考资料）；工程 / 建筑专业需加强逻辑思维与设计能力（如参与建模竞赛）。

• 背景提升：参与拉美文化研究或国际交流项目（UC 重视跨文化经历）；商科申请者补充实习（如跨国企业拉美分部）。

四、研究生录取综合指标

智利天主教大学对中国研究生的录取以西班牙语能力和学术匹配度为核心，商科、数据科学等热门专业竞争激烈。建议申请者提前 1~2 年规划语言学习，强化科研 / 实践背景，并主动联系导师争取内推机会。

课程类型	语言要求	备注
西班牙语授课	DELE B2/C1 或通过 UC 语言中心考试（CELU B2）	社会科学、法学等专业需达到 C1 水平

续表

课程类型	语言要求	备注
英语授课	雅思 6.5+（单项 ≥ 6.0）或托福 90+	仅限部分专业（如国际商务、数据科学）
双语项目	西班牙语 B2 + 英语 B2（需双语言证明）	如部分工程与商科联合项目

资料来源：根据学校官网数据整理统计。

第 14 章 巴西进入 2025 年 QS 排名前 100 的大学

大学名称	2024 年QS 排名	2025 年QS 排名	优势学科（QS 学科全球排名）	核心特色
圣保罗大学	85	92	农业科学（前 20）、石油工程（前 50）、医学	拉丁美洲顶尖综合性大学，亚马逊雨林生态研究全球权威，巴西国家科研主力

资料来源：根据 QS 官网数据整理统计。

圣保罗大学

圣保罗大学（USP）以葡萄牙语能力和学术匹配度为核心门槛，医学、工程等专业竞争激烈。尽管学费全免，但需承担较高的生活成本与语言学习压力。

一、录取数据

根据巴西教育部（MEC）2022 年国际学生统计报告及圣保罗大学非官方披露数据，该校在读中国学生（本科、硕士与博士）总数为 200~300 人，占国际学生总数的 5%~8%。但由于以葡萄牙语授课为主且文化差异较大，中国学生规模较小，国际学生比例极低，中国本科生申请的人数极少（5~15 人／年），占国际本科生总数的 0.5%~1%。

二、中国学生录取标化成绩

类别	具体要求	备注
学历背景	完成高中学业并取得毕业证书（需经巴西教育部认证）	中国学生需提供高中毕业证及成绩单（公证＋葡萄牙语翻译＋巴西使馆认证）
学术成绩	高中成绩平均分 ≥ 80%（按巴西 10 分制换算为 ≥ 8.0）	医学、工程等热门专业要求均分 ≥ 85%
入学考试	需通过 ENEM（巴西国家高中考试）或 USP 自主命题考试（含葡萄牙语、数学、科学）	ENEM 考试语言部分难度高，建议提前 2 年准备葡萄牙语
语言要求	葡萄牙语水平测试（Celpe-Bras）中级以上（B2）	无语言成绩者可申请预科语言班（1 年，费用为 3000~5000 美元）

资料来源：根据学校官网数据整理统计。

三、专家观点与建议

进行语言强化是关键，至少提前 2 年系统学习葡萄牙语，通过 CELPE-Bras C1（医学需 C2），可参加巴西文化中心（CCBB）课程；积极进行学术写作，选修葡萄牙语论文写作课，参与 USP 语言预科项目（Português para Estrangeiros）。

四、研究生录取综合指标

2024 年，圣保罗大学对中国学生的录取以葡萄牙语能力和学术匹配度为核心门槛，医学、工程等专业竞争激烈。尽管学费全免，但需承担较高的生活成本与语言学习压力。

类别	具体要求	备注
学历背景	相关领域学士 / 硕士学位（需经巴西 CAPES 认证）	中国学生需提供学位证、成绩单（公证＋葡萄牙语翻译＋海牙认证）
GPA 要求	均分 ≥ 80%（按巴西 10 分制换算为 ≥ 8.0）	双非院校学生需均分 ≥ 85% 或发表论文（SCI/SSCI 优先）
语言要求	葡萄牙语 B2（Celpe-Bras）或英语雅思 6.5+/ 托福 90+（英语授课专业）	医学、法学等需葡萄牙语 C1
研究计划	研究型硕士 / 博士需提交用葡萄牙语或英语撰写的研究计划（与 USP 导师研究方向契合）	如农业科学需结合巴西热带农业特色

资料来源：根据学校官网数据整理统计。

第 15 章　阿根廷进入 2025 年 QS 排名前 100 的大学

大学名称	2024 年 QS 排名	2025 年 QS 排名	优势学科	特色说明
布宜诺斯艾利斯大学	95	71	社会科学、医学、法律	拉丁美洲顶尖公立大学，西班牙语授课，免学费政策，诺贝尔奖得主母校（如贝尔纳多·奥赛）

资料来源：根据 QS 官网数据整理统计。

布宜诺斯艾利斯大学

布宜诺斯艾利斯大学（Universidad de Buenos Aires, UBA）的录取风格以本地化与语言能力为主导，录取逻辑围绕西班牙语水平（DELE B2+/C1）和学术适应力展开，所有学生必须通过一年制西班牙语授课的基础共通课程（CBC）。

一、录取数据

UBA 未公开细分国籍的学生数据，但根据阿根廷教育部统计，目前在阿根廷高校就读的中国学生总数约为 1200 人（含本科、硕士、博士及语言生）。作为阿根廷顶尖公立大学，UBA 的中国学生比例较高，估算在读人数为 100~200 人。

二、中国学生录取标化成绩

申请类型	基本要求	热门专业附加要求	注意事项
中国普通高中毕业生	完成高中教育并取得毕业证；需通过 UBA 的基础共通课程（CBC）考试	医学：CBC 课程平均分≥7/10，并通过医学院面试 法律：需西班牙语写作测试（案例分析）	CBC 课程为必修，含西班牙语、数学、科学思维等科目，未通过需重修
AP 课程学生	至少 3 门 AP 科目（建议数学、科学类）；科目成绩≥3（部分课程可抵扣 CBC 学分）	工程类：需 AP 微积分 BC（≥4）+ 物理 C（力学或电磁学） 经济类：需 AP 微观 / 宏观经济（≥4）	AP 成绩需经阿根廷教育部认证，部分专业需提交课程描述（Syllabus）匹配说明
IB 课程学生	IB 总分≥28（满分45）；HL 科目需与申请专业相关（如医学需 HL 生物 + 化学）	计算机科学：需 HL 数学 AA≥5 建筑学：需 HL 视觉艺术 + 数学 AA≥5	IB 成绩需翻译为西班牙语并公证，建议提前完成西班牙语 B HL 课程（可豁免部分语言要求）
A-Level 学生	至少 3 门 A-Level 科目（成绩≥B）；需提交 IGCSE 成绩单（数学 / 科学科目）	医学：需 A-Level 化学 + 生物（≥A） 工程：需 A-Level 数学 + 物理（≥A）	A-Level 成绩需通过英国文化协会（British Council）认证，并翻译为西班牙语
语言要求	西班牙语：DELE B2/SIELE Global B2（医学 / 法律需 C1） 英语：仅辅助（无强制要求，但建议雅思 5.5+）		

资料来源：根据学校官网数据整理统计。

三、专家观点与建议

1. 关键在于"语言本土化 + 学术适应力"。西班牙语学习需提前规划（DELE B2/C1 最晚于高二暑假前取得），同时自学阿根廷历史与社会议题（如经济危机、医疗改革），以应对 CBC 课程中的思辨考题。

2. 材料认证务必严谨（高中毕业证双认证需预留 3 个月），医学 / 法律申请者需录制西班牙语模拟辩论视频作为补充材料。

3. 参与拉美文化研究项目（如南美 NGO 志愿活动）以展现跨文化适应力。注意避开南半球学年周期（3 月开学），预留充足时间完成 CBC 注册。

四、研究生录取综合指标

类别	具体要求	热门专业附加要求	备注
学历背景	中国教育部认可的本科/硕士学历；需专业对口（如申请经济学硕士需本科为经济/金融相关专业）	医学硕士：需临床医学本科学位（需通过阿根廷卫生部学历认证）法学硕士：需法学本科学位且修读过拉美法课程	跨专业申请需补修指定课程（如社科类硕士需通过方法论考试）
语言要求	西班牙语：DELE B2/SIELE Global B2（文科需C1）英语授课项目：雅思6.5+/托福90+（仅限部分理工科）	文学/传播学：需DELE C1+西班牙语写作测试（学术论文分析）国际关系：需双语能力（西班牙语C1+英语B2）	可提交语言预录取（如西班牙语B1），但需在入学第一年内补交B2证书
成绩要求	本科均分≥75/100（或GPA 3.0/4.0）；核心课程成绩≥80分（如经济学需宏微观经济≥85分）	计算机科学硕士：数据结构/算法课程≥85分；心理学硕士：统计学科目≥80分+实习证明	双非院校学生建议均分≥80%以提升竞争力

资料来源：根据学校官网数据整理统计。

第 16 章　俄罗斯进入 2025 年 QS 排名前 100 的大学

大学名称	2024 年 QS 排名	2025 年 QS 排名	优势学科	核心特色
莫斯科国立大学	87	94	数学、物理、语言学	俄罗斯学术标杆，12 名诺贝尔奖得主母校，主导国家基础科学研究（如核物理、航天）

资料来源：根据 QS 官网数据整理统计。

莫斯科国立大学

莫斯科国立大学（MSU）2024 年对中国学生的录取以俄语能力和学科竞争力为核心，理工科专业门槛极高（需奥赛 / 论文背景），文科生需扎实掌握俄语。

一、录取数据

根据俄罗斯联邦科学与高等教育部（Minobrnauki）2022/2023 学年统计报告，莫斯科国立大学在读中国学生（本科、硕士与博士）总数约为 1000 人，占该校国际学生总数的 8%~12%。作为俄罗斯顶尖综合性大学，MSU 在数学、物理、化学及俄语语言文学领域的学术实力吸引中国学生。莫斯科国立大学本科阶段以俄语授课为主，国际学生比例为 10%~15%，中国本科生录取人数有限（30~50 人 / 年），占国际本科生总数的 5%~8%。

近年中国申请者 300~500 人 / 年（集中于数学、物理、计算机科学领域），录取率为 6%~10%。

二、中国学生录取标化成绩

1. 高考生：理科生需高考成绩超一本线 100 分 +（满分 750 分），数学 / 物理单科全省前 5%；文科生需俄语基础扎实且历史 / 语文成绩优异。

2. 国际课程生：A-Level/IB 成绩需中等偏上（如 IB 34+/45），数学 / 科学类课程成绩突出，俄语水平为关键。

3. 语言要求：俄语以 TPKN-1（B1）为最低门槛，理工科建议 TPKN-2（B2），文科（如国际关系）需 TPKN-3（C1）。

三、专家观点与建议

1. 学术准备。

● 高考 / 国际课程成绩：理科生需数学 / 物理成绩突出（高考数学 135+/150，A-Level 数学 A），选修大学预科课程（如线性代数、理论力学）。

● 入学考试：数学系需备考高难度数学逻辑题（参考 MRY 历年试题），计算机科学需编程测试（如 C++/Python）。

2. 语言强化。

● 俄语学习：至少提前 1.5 年系统学习，通过 TPKN-2（B2），建议参加 MRY 预科班（1 年制，学费约 2 万元人民币）。

● 学术俄语：强化科技俄语词汇，阅读专业文献（如《俄罗斯数学教材选译》）。

● 优先申请理工科（如计算数学、物理系），避开竞争激烈的医学、法学专业。

四、研究生录取综合指标

莫斯科国立大学理工科需具备顶级竞赛或论文背景，文科则需要在语言与文化方面深耕。建议申请者优先选择 CSC 公派或俄罗斯政府奖学金，提前

1 年规划语言与学术准备，并主动融入 МГУ 学术网络（如订阅院校学术期刊）。

类别	具体要求	备注
学历背景	学士 / 硕士学位（需经俄罗斯教育部认证，公证 + 双认证）	双非院校学生需均分 ≥ 85% 或发表核心期刊论文（SCI/Scopus 优先）
GPA 要求	均分 ≥ 80%（按俄罗斯 5 分制换算为 ≥ 4.0）	理工科专业（数学、物理）要求本科专业课成绩 ≥ 85%
研究计划	俄语或英语撰写（需与导师研究方向契合，引用 МГУ 教授论文）	如计算机科学方向需明确算法设计或 AI 模型创新
专业匹配度	严格审核课程匹配度（如申请理论物理博士，需量子力学、场论背景）	跨专业需补修学分（如经济专业转数据科学专业需数学 / 编程基础课程）

课程类型	语言要求	备注
俄语授课	ТРКИ-2（B2 级）或预科结业证书	文科（如语言学、文学）需 ТРКИ-3（C1 级）
英语授课	雅思 6.5+（单项 ≥ 6.0）或托福 95+	仅限部分专业（全球政治、数据科学），仍需基础俄语（A2 水平）
豁免条件	俄语国家本科毕业或英语国家全英文授课学位	需提供学校官方证明信

资料来源：根据学校官网数据整理统计。

第 17 章　澳大利亚进入 2025 年 QS 排名前 100 的大学

大学名称	2024 年 QS 排名	2025 年 QS 排名	优势领域
墨尔本大学	14	13	商科、医学、法学、计算机科学
悉尼大学	19	18	医学、工程、传媒、教育学
新南威尔士大学	19	19	工程（尤其是光伏技术）、金融、人工智能
澳大利亚国立大学	34	30	国际关系、环境科学、天文学
莫纳士大学	42	37	药学、化学工程、材料科学
昆士兰大学	43	40	农业科学、生物技术、矿业工程
西澳大学	72	77	矿业工程、海洋科学、农业生态
阿德莱德大学	89	82	葡萄酒科学、健康医学、人工智能
悉尼科技大学	90	88	计算机、数字创意、商科

资料来源：根据 QS 官网数据整理统计。

墨尔本大学

墨尔本大学的录取风格以"学术精英主义 + 学科深度"为导向，看重学术成绩与学科匹配度。

一、录取数据

墨尔本大学官网显示，该校本科在读中国学生为 6000~7000 人（国际本科生中占比约为 40%），是澳大利亚中国学生最多的大学之一。2023 年墨尔本大学本科录取中国学生约 1700 人（国际本科生占比约为 35%），2024 年人数增加至 1500 余人（含预科项目学生）。墨尔本大学的留学生人数则从 2023 年的 10000 人减少到 2025 年的 9300 人。

生物医学（Bachelor of Biomedicine）录取率约为 15%，商科（Bachelor of Commerce）录取率约为 20%（需高考 85% 分数），计算机科学（Bachelor of Science-CS）录取率约为 25%。最好录取的专业是农业科学（Bachelor of Agriculture）（录取率约为 50%）、文学（Bachelor of Arts）（录取率约为 45%），以及环境科学（Bachelor of Science-Env.）（录取率约为 40%）。

二、中国学生标化成绩与语言要求

1. 墨尔本大学不接受凭高考成绩直接申请本科，中国学生需通过以下途径入学：

• 预科课程（Foundation Program）：完成高二或高三学业后，通过墨尔本大学预科（Trinity College）过渡至本科。预科类型如下表所示。

预科课程	学制	入学要求（中国学生）
标准课程（Standard）	10 个月	高二均分 80%+，雅思 6.0+（单项 ≥ 5.5）
快速课程（Fast Track）	8 个月	高三均分 80%+，雅思 6.0+（单项 ≥ 6.0）
延伸课程（Extended）	15 个月	高二均分 75%+，雅思 5.5+（单项 ≥ 5.0）

资料来源：根据学校官网数据整理统计。

• 国际文凭（IB/A-Level）：接受 IB 文凭（建议总分 37+），IB 需 34~38 分（HL 科目需 6 分以上）；A-Level 成绩需 AAB-AAA（如商科需 AAA，工程需 AAB）。

2. 语言要求：雅思总分 6.5+（单项不低于 6.0）或托福总分 79+（写作不低于 21）。

3. 学科偏好：商科（会计、金融）、工程（生物医学、计算机）、理学（数据科学、心理学）、医学等专业。

4. 软实力：约 30% 录取者有竞赛奖项（如 AMC 数学竞赛）、科研项目（如实验室实习）或实习经历（如四大会计师事务所、科技公司）。

三、专家观点与建议

1. 尽早规划：提前 1~2 年准备高考 /A-Level/IB 成绩及语言考试。

2. 体现背景差异化：通过竞赛、科研或实习提升竞争力，尤其是商科、医学等热门专业。

3. 灵活选专业：利用澳洲本科的"通识教育"模式，逐步聚焦学术兴趣。

四、研究生录取综合指标

1. 学术背景如下表所示。

类别	具体要求
学历要求	中国教育部认可的本科学位（需通过清华认证 CDGDC），部分专业要求荣誉学位
均分要求	985/211 院校：均分建议 80~85/100（商科 / 计算机等热门专业需 85+） 双非院校：均分建议 85~90/100（部分专业如法学、医学可能要求更高）
专业匹配	部分专业（如工程、心理学）要求本科背景相关，跨专业需提供相关课程或经验证明

资料来源：根据学校官网数据整理统计。

2. 语言要求如下表所示。

考试类型	最低要求	热门专业要求
雅思	总分 6.5（单项 ≥ 6.0）	法学 / 教育 / 医学：总分 7.0+（单项 ≥ 7.0）
托福	总分 79（写作 21，口语 18，其他 ≥ 13）	法学 / 医学：总分 94+（写作 27，口语 23）
PTE Academic	总分 58~64（单项 ≥ 50）	高分专业需 65+

资料来源：根据学校官网数据整理统计。

悉尼大学

悉尼大学录取风格以"宽进严出、实践优先"为核心，学术门槛相对灵活，注重实习与作品集等实践证明。同时依托顶尖医学、法律与商科资源，强化与行业巨头（如四大会计师事务所、微软）的合作，确保毕业生就业竞争力。

一、录取数据

悉尼大学官网显示，该校本科在读中国学生近 2 万人（国际本科生中占比约为 45%），是澳大利亚中国学生最多的大学之一。2023 年悉尼大学本科录取中国学生约为 2300 人（国际本科生占比约为 40%），2024 年录取中国学生人数约为 2200 人（含预科项目学生）。

悉尼大学的留学生人数将从 2023 年的 12790 人减少到 2025 年的 11900 人。其中商科（Bachelor of Commerce）录取率约为 20%（需高考 85% 分数）；计算机科学（Bachelor of Advanced Computing）录取率约为 25%（需数学 / 物理高分）；法学（Bachelor of Laws）录取率约为 15%（需额外 LSAT 考试）。最容易录取的专业是农业科学（Bachelor of Science in Agriculture）（录取率约为 50%）、文学（Bachelor of Arts）（录取率约为 45%），以及教育学（Bachelor of Education）（录取率约为 40%）。

二、中国学生录取标化成绩与语言要求

1. 学术成绩。

● 高考：需达到各省一本线以上（如满分 750 分，多数专业需 600 分 +，商科 / 工程需 650 分 +）。

● A-Level：需 AAB-AAA（商科需 AAA，工程需 AAB）。

● IB：需 33~37 分（HL 科目需 6 分以上）。

2. 语言要求：雅思总分 6.5+（单项不低于 6.0）或托福总分 85+（写作不

低于 19）。

3.学科偏好：商科（会计、金融）、计算机科学、工程（土木、生物医学）、传媒、法学、医学等专业。

4.软实力：约 40% 录取者有竞赛奖项（如 AMC 数学竞赛）、科研项目（如实验室实习）或实习经历（如四大会计师事务所、科技公司）。

三、专家观点与建议

1.早规划：提前 1~2 年准备高考 /A-Level/IB 成绩及语言考试。

2.差异化背景提高竞争力：通过竞赛、科研或实习提升竞争力，尤其是商科、计算机等热门专业。

四、研究生录取综合指标

悉尼大学以学术成绩和专业匹配度为核心，商科、IT 等专业竞争激烈。建议申请者优先提升 GPA 与语言成绩，通过实习 / 科研项目增强竞争力，并利用 CSC 奖学金减轻经济压力。尽管悉尼生活成本较高，但其全球声誉与移民政策为毕业生提供双重优势。

1.学术要求如下表所示。

类别	具体要求	备注
学历背景	相关领域学士学位（需通过中国学位认证）	双非院校学生需均分 ≥ 80%（商科 / 计算机等热门专业要求 ≥ 85%）
GPA 要求	985/211 院校：均分 ≥ 70% 双非院校：均分 ≥ 75%~85%（视专业而定）	如商科硕士（Master of Commerce）要求双非院校学生均分 ≥ 87%
专业匹配度	严格审核本科课程相关性（如申请金融硕士需量化背景）	跨专业需提供相关实习 / 证书（如 IT 转数据分析专业需 Python 项目经验）

资料来源：根据学校官网数据整理统计。

2.语言要求如下表所示。

课程类型	语言要求	备注
英语授课	雅思总分 7.0+（单项 ≥ 6.0）或托福总分 96+（写作 ≥ 23）	法学、医学等专业要求更高（如 JD 法学博士需雅思 7.5+，单项 ≥ 7.0）

续表

课程类型	语言要求	备注
豁免条件	英语国家本科毕业或全英文授课学位	需提供学校官方授课语言证明

资料来源：根据学校官网数据整理统计。

新南威尔士大学

新南威尔士大学（UNSW）以学科匹配度与高均分为核心门槛，尤其重视工程、商科等领域的专业课程衔接性与学术潜力，青睐具备行业实习、竞赛成果或科研项目的申请者，强调理论与实践相结合的培养目标。采用分轮次滚动录取，优先处理材料齐全的申请，但对热门专业（如金融、计算机）实行高标准筛选，注重申请策略的时效性。

一、录取数据

UNSW 官网显示，该校中国在读学生人数约为 12000 人。此外，2023 年新南威尔士大学录取的国际学生总数为 11075 人，但 2025 年的配额上限为 9500 人，较 2023 年减少了 14.22%。新南威尔士大学在中国留学生中具有较高的吸引力，但国际学生配额有所限制并呈下降趋势。2023 年 UNSW 本科录取中国学生约为 1800 人（国际本科生占比约为 35%），2024 年为 1600 人（含预科项目学生）。

二、中国学生录取标化成绩与语言要求

1. 高考直录（主要途径）：新南威尔士大学接受中国高考成绩直接申请本科，高考分数要求需达到所在省份高考总分的 70%~88%（不同专业差异较大），即达到一本线以上。

部分专业有额外要求：工程 / 理科专业需高考数学、物理或化学成绩优异（如单科 80% 以上）；设计类专业需提交作品集（如建筑设计、工业设计）。

专业类别	高考分数要求（以 750 分满分为例）
商科（Commerce）	525~660 分（70%~88%）
工程（Engineering）	600~660 分（80%~88%）
计算机科学（Computer Science）	600~660 分（80%~88%）
文科（Arts）	525~600 分（70%~80%）

资料来源：根据学校官网数据整理统计。

2. 预科衔接（UNSW Foundation Studies）：未达高考直录要求的学生可通过预科过渡，学制为 9~15 个月。预科类型如下表所示。

课程	学制	入学要求（中国学生）
标准预科（Standard）	9 个月	高二均分 80%+，雅思 5.5+（单项 ≥ 5.0）
强化预科（Transition）	4 个月	高三均分 80%+，雅思 6.0+（单项 ≥ 5.5）
延伸预科（Extended）	15 个月	高二均分 75%+，雅思 5.0+（单项 ≥ 4.5）

资料来源：根据学校官网数据整理统计。

3. 国际课程（A-Level/IB）。

• A-Level：要求介于 ABB-AAA（商科 / 工程要求较高）。

• IB：建议总分 32~38 分（视专业而定）。

• 语言要求：雅思总分 6.5+（单项不低于 6.0）或托福总分 90+（写作不低于 23）。

三、专家观点与建议

新南威尔士大学对中国学生的录取注重学术成绩 + 实践能力，建议申请者：

1. 早规划：建议高二结束前开始准备高考或预科申请。

2. 强化理科能力：工程 / 计算机专业重视数学成绩，可提前学习 AP/ 竞赛课程。

3. 语言提分策略：若雅思未达标，可搭配语言班（UEEC）衔接主课。

四、研究生录取综合指标

1. 学术要求如下表所示。

类别	具体要求	备注
学历背景	中国教育部认可的本科学位（或大四在读证明）	需通过 CDGDC 认证（学信网）
均分标准	985/211 院校：70%~75% 双非院校：75%~85%	商科、计算机等热门专业要求更高（如双非院校学生申请商科需 ≥ 85%）
专业匹配度	相关学科背景（如工程需工科学位）	跨专业需补充课程 / 工作经验（如文科转商科需商业分析证书）
附加材料	研究型硕士：研究计划（Research Proposal） 商科：GMAT ≥ 650/GRE ≥ 320+2 年以上工作经验 设计 / 建筑：作品集	法学需 LSAT 成绩（部分 LLM 豁免）

资料来源：根据学校官网数据整理统计。

2. 语言要求如下表所示。

考试类型	最低要求	高分专业要求（如法学、医学）
雅思	总分 6.5（单项 ≥ 6.0）	总分 7.0+（单项 ≥ 6.5）
托福	总分 90（写作 ≥ 23，其他 ≥ 22）	总分 94+（写作 ≥ 25，其他 ≥ 23）
PTE Academic	总分 64（单项 ≥ 54）	总分 65+（单项 ≥ 58）

注：在英语国家完成本科或硕士学业的学生可申请豁免语言成绩。

资料来源：根据学校官网数据整理统计。

澳大利亚国立大学

　　澳大利亚国立大学（ANU）录取以学术成绩与学科深度匹配为核心，精算、计算机等专业门槛极高。建议申请者优先提升标化成绩，并通过竞赛或科研项目凸显个人优势。

一、录取数据

ANU 官网显示，2023 年 ANU 国际学生共计 3972 人，但到 2025 年下滑了 14.4%，只有 3400 人。根据 2023 年官方数据，ANU 国际学生总数约为 10000 人（占全校学生的 40%），其中中国学生占比为 25%~30%（2500~3000 人）。主要分布在商科（35%）、工程与计算机（25%）、社科与法学（20%）专业。ANU 中国学生人数在 2024 年有小幅增长，约为 3000 人（部分专业如数据科学、公共政策扩招）。

二、中国学生录取标化成绩与语言要求

1. 学术成绩。

● 高考：需达到各省一本线以上（如满分 750 分，多数专业需 600 分 +，热门专业如精算 / 计算机需 650 分 +）。

● A-Level：需 AAA-ABB（精算学专业需 AAA，国际关系专业需 AAA）。

● IB：需 34~38 分（HL 科目需 6~7 分）。

2. 语言要求：雅思总分 6.5+（单项不低于 6.0）或托福总分 80+（写作不低于 20），详见下表。

考试类型	最低分数	备注
雅思	总分 6.5（单项 ≥ 6.0）	法学、心理学需总分 7.0+（单项 ≥ 6.5）
托福	总分 80（写作 ≥ 20，其他 ≥ 18）	医学本科需总分 100+（写作 ≥ 27）
PTE Academic	总分 64（单项 ≥ 55）	接受家考成绩（需通过 ProctorU 监考）
豁免条件	英语国家高中全英文授课满 2 年	需提供学校官方证明信

资料来源：根据学校官网数据整理统计。

3. 学科偏好：精算学、国际关系、计算机科学、经济学、环境科学、亚太研究。

三、专家观点与建议

ANU 对中国学生的录取注重学术深度 + 研究潜力，建议申请者：

1. 学术导向：确保核心科目（数学、英语）成绩顶尖，尤其是精算、计算机等专业。

2. 科研赋能：通过论文、竞赛或实地调研凸显研究能力。

3. 精准匹配：在文书中体现对 ANU 学术资源，如 Crawford 公共政策学院的针对性兴趣。

四、研究生录取综合指标

ANU 研究生的录取以学术成绩与专业匹配度为核心，商科、计算机等专业竞争激烈。建议中国学生优先提升 GPA 与语言成绩，通过科研或名企实习增强竞争力，并关注奖学金截止时间。

1. 学术要求如下表所示。

类别	具体要求	备注
学位要求	中国教育部认可的本科学位（或大四在读证明）	部分专业需相关学科背景（如商科需数学、统计等量化课程基础）
均分要求	985/211 院校：均分 ≥ 75%	商科、计算机等热门专业需 ≥ 80%
	双非院校：均分 ≥ 80%~85%	商科、法学等竞争激烈专业需 ≥ 85%
研究型硕士	提交研究计划（Research Proposal）	需提前联系导师，并确认研究方向匹配度
商科硕士	建议提供 GMAT（650+）或 GRE（320+）	金融、MBA 等专业强制要求，其他商科项目优先考虑
设计 / 艺术类	提交作品集（Portfolio）或创意项目展示	需体现原创性、技术能力与专业相关性（如建筑专业需 CAD 图纸，平面设计专业需完整项目流程）

资料来源：根据学校官网数据整理统计。

2.语言要求如下表所示。

考试类型	最低分数要求	特殊专业要求
雅思	总分 6.5（单项≥ 6.0）	法学、心理学：总分 7.0+（单项≥ 6.5）
托福	总分 80（写作≥ 20，其他≥ 18）	医学：总分 100+（写作≥ 25）
PTE Academic	总分 64（单项≥ 55）	教育类课程：总分 70+（单项≥ 65）
豁免条件	英语国家本科毕业或全英文授课学位证明	需学校官方出具授课语言证明

资料来源：根据学校官网数据整理统计。

莫纳士大学

莫纳士大学对中国本科生的录取以学术成绩与专业匹配度为核心，商科、药剂学等专业竞争激烈。建议申请者提前强化语言能力（尤其是写作单项），并通过竞赛或实践项目提升背景。

一、录取数据

莫纳士大学官网显示，该校本科在读中国学生约 8000 人（国际本科生中占比约为 35%），是澳大利亚中国学生最多的大学之一。在学校录取中，比较难录的专业是商科（Bachelor of Commerce）（录取率约为 20%，需高考 85% 分数 + 数学高分）、计算机科学（Bachelor of Computer Science）（录取率约为 25%）、医学（Bachelor of Medical Science）（需 ISAT 考试，录取率约为 15%）。最好录取的专业是教育学（Bachelor of Education）（录取率约为 45%）；文学（Bachelor of Arts）（录取率约为 50%）；环境科学（Bachelor of Environmental Science）（录取率约为 55%）。

二、中国学生录取标化成绩与语言要求

1. 学术成绩。

● 高考：需达到各省一本线以上（如满分 750 分，多数专业需 600 分 +，商科 / 工程需 650 分 +）。

● A-Level：需 ABB-AAA（商科需 AAA，工程需 AAB）。

● IB：需 30~34 分（HL 科目需 5~6 分）。

2. 语言要求：雅思总分 6.5+（单项不低于 6.0）或托福总分 79+（写作不低于 21）。

三、专家观点与建议

莫纳士大学对中国学生的录取注重学术成绩 + 实践能力，建议申请者：

1. 尽早标化达标：提前 1~2 年准备高考 /A-Level/IB 成绩及语言考试。

2. 阶段性参加学术竞赛：通过竞赛、科研或实习提升竞争力，尤其是商科、工程等热门专业。

3. 了解相关专业的发展：利用莫纳士大学丰富的双学位和跨学科课程拓宽职业路径。

四、研究生录取综合指标

莫纳士大学对中国研究生的录取以学术成绩和实践能力为核心，商科、数据科学等专业竞争激烈。建议申请者提前规划语言考试，通过实习或科研项目提升背景，并利用奖学金减轻经济压力。注重材料的完整性与时效性，早提交早审核。

1. 学术要求如下表所示。

类别	具体要求	备注
学历背景	中国教育部认可的本科学位（需学信网认证）	双非院校学生需更高均分（如商科、工程等热门专业）
均分标准	985/211 院校：均分 70%~75% 双非院校：均分 75%~85%	如商科硕士（如金融）要求双非院校学生均分 ≥ 80%

续表

类别	具体要求	备注
专业匹配度	严格审核本科课程相关性（如申请计算机科学需编程基础）	跨专业需提供相关证书 / 实习（如文科转商业分析需 Python 技能）
附加材料	商科：GMAT ≥ 600（非强制但加分） 研究型硕士：需研究计划 + 导师预审	设计 / 建筑类需提交作品集（Portfolio）

资料来源：根据学校官网数据整理统计。

2.语言要求如下表所示。

考试类型	最低分数要求	特殊专业要求
雅思	总分 6.5（单项 ≥ 6.0）	法学、医学：总分 7.0+（单项 ≥ 6.5）
托福	总分 79（写作 ≥ 21，口语 ≥ 18，阅读 ≥ 13，听力 ≥ 12）	教育学：总分 102+（写作 ≥ 27）
PTE Academic	总分 58（单项 ≥ 50）	护理学：总分 65+（单项 ≥ 65）
豁免条件	英语国家本科毕业或全英文授课学位	需学校官方证明 + 课程大纲

资料来源：根据学校官网数据整理统计。

昆士兰大学

昆士兰大学（UQ）的录取风格以"学科专业性"和"实践导向"为核心，注重申请者的学术基础与目标学科的深度关联，同时强调实践能力的匹配度。

一、录取数据

UQ 官网显示，该校本科在读中国学生 5000~6000 人（国际本科生中占比约为 35%），主要集中在商科、工程及环境科学领域。由于澳大利亚政府的政策，从 2024 年起每年留学人数呈下降趋势。

较难录取的专业是商科（Bachelor of Commerce）（录取率约为 25%，需高考 80% 分数 + 数学高分）、生物医学（Bachelor of Biomedical Science）（录取率约为 20%，需高考 85% 分数 + 面试）、矿业工程（Bachelor of

Engineering-Mining）（全澳顶尖，录取率约为 22%）。容易录取的专业为农业科学（Bachelor of Agricultural Science）（录取率约为 55%）、旅游管理（Bachelor of Tourism Management）（录取率约为 50%），以及文学（Bachelor of Arts）（录取率约为 45%）。

二、中国学生录取标化成绩与语言要求

1. 学术成绩。

● 高考：需达到各省一本线以上（如满分 750 分，多数专业需 580 分 +，商科 / 工程需 600 分 +）。

● A-Level：需 ABB-AAA（商科需 AAB，工程需 ABB，医学需 AAA）。

● IB：需 30~36 分（HL 科目需 5~6 分）。

2. 语言要求：雅思总分 6.5+（单项不低于 6.0）或托福总分 87+（写作不低于 21）。

3. 学科偏好：商科（会计、金融）、工程（矿业、土木）、环境科学、生物医学、酒店管理。

三、专家观点与建议

1. 提早规划：提前 1~2 年准备高考 /A-Level/IB 成绩及语言考试。

2. 体现差异化：通过竞赛、科研或行业实习提升竞争力，尤其是商科、工程等热门领域。

3. 擅用地域优势：昆士兰在矿业、旅游、环境科学领域的资源可转化为职业发展机会。

四、研究生录取综合指标

昆士兰大学以学术成绩和专业匹配度为核心，商科、数据科学等专业竞争激烈。建议申请者提前规划语言考试，通过实习或科研项目提升背景，并利用奖学金减轻经济压力。较低的生活成本与 UQ 的全球声誉为留学生提供了高性价比选择。

1. 学术要求如下表所示。

类别	具体要求	备注
学历背景	中国教育部认可的本科学位（或大四在读证明）	需通过学信网（CHESICC）认证
均分标准	985/211 院校：70%~75% 双非院校：75%~85%	商科、计算机等热门专业要求更高（如双非院校学生申请商科需 ≥ 85%）
专业匹配度	严格审核本科课程相关性（如工程需工科学位，金融需量化背景）	跨专业需补充相关课程或工作经验（如文科转 IT 需编程证书或项目经验）
附加材料	研究型硕士：研究计划（需导师预审） 商科：建议 GMAT ≥ 600 或 GRE ≥ 300 设计 / 建筑：作品集	医学类需通过专业评估（如临床医学需执业资格）

资料来源：根据学校官网数据整理统计。

2. 语言要求如下表所示。

考试类型	最低分数要求	特殊专业要求
雅思	总分 6.5（单项 ≥ 6.0）	法学、医学：总分 7.0+（单项 ≥ 7.0）
托福	总分 87（写作 ≥ 21，其他 ≥ 19）	护理硕士：总分 100+（写作 ≥ 25）
PTE Academic	总分 64（单项 ≥ 60）	教育类课程：总分 65+（单项 ≥ 65）
豁免条件	英语国家本科毕业或全英文授课学位（需官方证明）	部分专业不接受豁免（如法学、医学）

资料来源：根据学校官网数据整理统计。

西澳大学

西澳大学以学术成绩与学科匹配为核心，希望将实践导向与地区优势相结合，偏好具备实践经历（如竞赛、实习）的学生，尤其重视矿业工程、海洋科学等西澳优势领域。

一、录取数据

西澳大学官方数据显示，该校国际学生总数约为 8000 人，其中中国学生占比为 25%~30%（2000~2400 人）。2023 年录取中国学生为 800~1000 人（本科与研究生，含预科及语言班）。2024 年录取中国学生约为 800 人（商科、计算机等热门专业竞争加剧）。

录取难度大的专业是矿业工程（Bachelor of Engineering-Mining）（全澳顶尖，录取率约为 20%，需高考 85%）、商科（Bachelor of Commerce）（录取率约为 25%，需数学高分）和海洋科学（Bachelor of Marine Science）（录取率约为 22%，需生物 / 化学背景）。比较容易录取的专业为农业科学（Bachelor of Agricultural Science）（录取率约为 55%）、文学（Bachelor of Arts）（录取率约为 50%），以及教育学（Bachelor of Education）（录取率约为 45%）。

二、中国学生录取标化成绩与语言要求

1. 学术成绩： 要求高考成绩达总分的 70%~75%（或国际课程成绩达标），且申请专业需与高中选科紧密相关（如理科需数学 / 物理突出）。

- 高考：需达到各省一本线以上（如满分 750 分，多数专业需 580 分 +，工程 / 商科需 600 分 +）。
- A-Level：需 ABB-BBB（工程需 AAB，商科需 BBB，医学需 AAA）。
- IB：需 28~34 分（HL 科目需 5 分以上）。

2. 语言要求：雅思总分 6.5+（单项不低于 6.0）或托福总分 82+（写作不低于 22）。

3. 学科偏好：矿业工程、海洋科学、农业科学、商科（会计、金融）、生物医学。

三、专家观点与建议

西澳大学对中国学生的录取注重学术成绩 + 实践关联性，建议申请者：

1. 扎实学术：最关键的是确保核心科目（数学、理科）成绩达标，尤其是工程、商科等热门专业。

2. 地域优势转化：利用西澳大学在矿业、海洋科学领域的资源，通过实习或科研项目提升竞争力。

3. 精准定位：将所申请专业与未来职业发展相结合，澳大利亚工作机会较多。

四、研究生录取综合指标

1. 学术要求如下表所示。

类别	具体要求	备注
学历背景	中国教育部认可的本科学位（需学信网认证）	部分专业要求本科相关学科背景（如工程需工科学位）
均分要求	985/211 院校：均分 ≥ 70% 双非院校：均分 ≥ 75%~80%	商科、法学等热门专业要求更高（如双非院校学生申请商科需 ≥ 80%）
附加材料	研究型硕士（MPhil/PhD）：研究计划（Research Proposal）+ 导师预确认 商科：建议 GMAT ≥ 600 或相关工作经验 设计 / 艺术类：作品集	工程类硕士需提交项目报告或实习证明

资料来源：根据学校官网数据整理统计。

2. 语言要求如下表所示。

考试类型	最低分数要求	特殊专业要求
雅思	总分 6.5（单项 ≥ 6.0）	法学、医学：总分 7.0+（单项 ≥ 6.5）
托福	总分 82（写作 ≥ 22，阅读 ≥ 18，听力 / 口语 ≥ 20）	教育学：总分 94+（写作 ≥ 27）
PTE Academic	总分 64（单项 ≥ 59）	护理学：总分 70+（单项 ≥ 70）
豁免条件	英语国家本科毕业或 2 年以上全英文工作证明	需提供官方语言证明

资料来源：根据学校官网数据整理统计。

阿德莱德大学

阿德莱德大学的录取以学术成绩与学科相关性为核心，工程、计算机等专业门槛较高。其优势包括高性价比的学费，以及生活成本低于悉尼 / 墨尔本。其特色专业葡萄酒科学、矿业工程全球领先。

一、录取数据

阿德莱德大学官网显示，该校 2023 年本科在读中国学生为 2500~3000 人（国际本科生中占比约为 25%），主要集中在工程、医学及农业领域。2024 年，受澳大利亚政策影响，人数略有下降，为 2600~3100 人。该校不显示细分人群，只显示比例。

最难录取的专业是生物医学（Bachelor of Biomedicine）（录取率约为 18%，需高考 600 分 + 面试）、计算机科学（Bachelor of Computer Science）（录取率约为 22%，需数学高分）、采矿工程（Bachelor of Engineering-Mining）（全澳顶尖，录取率约为 25%）。最容易录取的专业是农业科学（Bachelor of Agricultural Sciences）（录取率约为 55%）、葡萄酒与酿酒学（Bachelor of Viticulture & Oenology）（录取率约为 50%，全球稀缺专业）、教育学（Bachelor of Education）（录取率约为 45%）。

二、中国学生录取标化成绩与语言要求

1. 学术成绩。

• 高考：需达到各省一本线，满分的 70%~80%（如满分 750 分，多数专业需 525~600 分，工程 / 医学需 600 分 +）。

• A-Level：需 BBB-ABB（工程需 AAB，医学需 AAA）。

• IB：需 24~32 分（HL 科目需 4~6 分）。

2. 语言要求：雅思总分 6.5+（单项不低于 6.0）或托福总分 79+（写作不

低于 21）。

3. 学科偏好：工程（采矿、土木）、医学相关（生物医学、护理）、葡萄酒与酿酒学（全球顶尖）、计算机科学、农业科学。

三、专家观点与建议

1. 学术达标：确保成绩符合目标专业要求，核心科目（如数学、科学）表现突出。

2. 提升背景：通过特色实践（如葡萄酒产业调研、偏远地区公益项目）提升竞争力。

3. 善用移民优势：选择偏远地区加分专业，为未来移民或就业铺路。

四、研究生录取综合指标

阿德莱德大学研究生录取以学术成绩与专业匹配度为核心，商科、计算机等专业竞争激烈。建议申请者提升 GPA 与语言成绩，通过科研、实习或竞赛增强竞争力。

1. 学术要求如下表所示。

类别	具体要求	备注
学历背景	中国教育部认可的本科学位（需学信网认证）	部分专业要求本科相关学科背景（如工程需工科学位，计算机需编程基础）
均分要求	985/211 院校：均分 ≥ 70%~75% 双非院校：均分 ≥ 75%~80%	商科、计算机等热门专业要求更高（如双非院校学生申请商科需 ≥ 80%）
专业匹配度	严格审核本科课程相关性（如金融硕士需量化课程基础）	跨专业需补充相关证书/实践经历（如文科转数据科学需 Python/统计课程证明）
附加材料	研究型硕士（MPhil/PhD）：需研究计划（Research Proposal）+ 导师预审 商科：建议 GMAT ≥ 600（非强制但加分） 设计/艺术类：作品集（Portfolio）	医学类需通过专业评估（如临床心理学需面试）

资料来源：根据学校官网数据整理统计。

2. 语言要求如下表所示。

考试类型	最低分数要求	特殊专业要求
雅思	总分 6.5（单项 ≥ 6.0）	法学、教育学：总分 7.0+（单项 ≥ 7.0）
托福	总分 79（写作 ≥ 21，口语 ≥ 18，其他 ≥ 13）	护理硕士：总分 94+（写作 ≥ 27）
PTE Academic	总分 58（单项 ≥ 50）	医学类：总分 65+（单项 ≥ 65）
豁免条件	英语国家本科毕业或全英文授课学位（需学校官方证明）	不接受豁免的专业：法学、医学、教育学

资料来源：根据学校官网数据整理统计。

悉尼科技大学

悉尼科技大学（UTS）录取以学术成绩与实践能力为核心，计算机科学、护理等专业竞争激烈。UTS 以实践型课程和行业资源著称（如与谷歌、悉尼市政府合作项目），适合注重就业竞争力的学生。

一、录取数据

UTS 官网显示，该校国际学生总数约为 18000 人（占全校学生的 40%），其中中国学生占比约为 35%（约 6300 人）。2023 年录取发放了中国学生本科及研究生录取通知书（Offer）约 2300 份，实际入学约 1600 人（入学率约为 70%）。2024 年录取发放录取通知书约 2200 份，实际入学人数受签证延迟影响，估计为 1500 人。

该校竞争激烈专业为计算机科学（Bachelor of Computer Science）（录取率约为 25%，需数学高分 + 编程基础）、数字创意（Bachelor of Design in Digital Creative）（需作品集，录取率约为 30%）、商科（Bachelor of Business）（录取率约为 35%，需高考成绩 550 分 +）。最容易录取的专业为护理学（Bachelor of Nursing）（录取率约为 50%，需面试 + 实习经历）、传媒（Bachelor of Communication）（录取率约为 45%）和体育管理专业（Bachelor of Sport and Exercise Science）（录取率约为 55%）。

二、中国学生录取标化成绩与语言要求

1. 学术成绩。

● 高考：需达到各省二本线以上（如满分 750 分，多数专业需 500 分 +，热门专业如计算机科学需 550 分 +）。

● A-Level：需 BBB-ABB（计算机 / 工程需 ABB，商科需 BBB）。

● IB：24~30 分（HL 科目需 4~5 分）。

2. 语言要求：雅思总分 6.5+（单项不低于 6.0）或托福总分 79+（写作不低于 21）。

3. 学科偏好：计算机科学、信息技术、商科（会计、市场营销）、设计（数字媒体、建筑）、护理学。

三、专家观点与建议

1. 突出实践能力：通过项目、竞赛或实习证明技术应用能力（尤其是 IT、设计类专业）。

2. 进行灵活选课：利用 UTS 与行业的紧密联系（如实习嵌入课程）提升就业竞争力。

3. 提早申请：热门专业（如计算机科学）名额有限，建议提前提交材料。

四、研究生录取综合指标

悉尼科技大学对中国研究生的录取以学术成绩与实践能力为核心，商科、IT 等专业竞争激烈。

1. 学术要求如下表所示。

类别	具体要求	备注
学历背景	中国教育部认可的本科学位（需学信网认证）	双非院校申请热门专业（如商科、IT）需更高均分
均分要求	985/211 院校：均分 ≥ 70%~75% 双非院校：均分 ≥ 75%~85%	如商科硕士（如金融）要求双非院校学生均分 ≥ 80%

续表

类别	具体要求	备注
专业匹配度	严格审核本科课程相关性（如计算机硕士需编程背景，设计类需作品集）	跨专业需补充相关证书 / 实习（如文科转数据分析需 Python/SQL 技能）
附加材料	商科：建议 GMAT ≥ 600 或 2 年相关工作经验 研究型硕士：研究计划 + 导师预审	艺术设计类专业需提交作品集（PDF 或在线链接）

资料来源：根据学校官网数据整理统计。

2. 语言要求如下表所示。

考试类型	最低分数要求	特殊专业要求
雅思	总分 6.5（单项 ≥ 6.0）	法学硕士：总分 7.0+（写作 ≥ 7.0） 教育学：总分 7.0+（单项 ≥ 6.5）
托福	总分 79~93（写作 ≥ 21）	护理硕士：总分 94+（写作 ≥ 27）
PTE Academic	总分 58~65（单项 ≥ 50）	接受家考成绩（需通过 ProctorU 监考）
豁免条件	英语国家本科毕业或 2 年以上全英文工作经验	需提供官方语言证明

资料来源：根据学校官网数据整理统计。

第 18 章　新西兰进入 2025 年 QS 排名前 100 的大学

大学名称	2024 年 QS 排名	2025 年 QS 排名	优势学科 （QS 学科全球排名）	核心特色
奥克兰大学	68	65	教育学（前 30）、护理学（前 50）、考古学（前 20）	新西兰综合排名第一，南半球顶尖研究型大学，主导太平洋地区文化与可持续发展研究

资料来源：根据 QS 官网数据整理统计。

奥克兰大学

作为新西兰顶尖学府，奥克兰大学依托其卓越的学术地位（QS 全球前 100）及与产业深度融合的特色，形成"研究—实践—就业"三位一体的教育生态。其商科、医学及工程学科以太平洋区域影响力著称，13 个学科跻身全球前 50，并与本地龙头企业共建实习基地，为学生提供直达就业市场的实践通道。

奥克兰大学是新西兰唯一进入 QS 世界大学排名 TOP 100 的高校，国际学生总数约 8000 人，其中中国学生是主要群体之一。

一、中国学生标化成绩与语言要求

奥克兰大学本科录取要求如下表所示。

类别	基准要求	有竞争力的成绩	建议
学术要求	高考成绩：文科专业需总分 67%~75%；商科专业需总分 70%~73%；工程专业需总分 80%；法学专业需通过预科或国际课程（不接受高考直录）国际课程：A-Level 需 BBB-BBC（工程需数学 A）；IB 需 28~30 分（HL 科目 ≥ 5）；OSSD 均分 80%+（含数学高阶课程）	高考成绩达一本线；IB 33+（工程方向 HL 数学 6）；A-Level 需数学 A+、物理 A	通过奥克兰大学预科（Foundation）衔接（均分 80% 直升本科）
语言要求	雅思 6.0+（单项 ≥ 5.5）；托福 80+（写作 ≥ 21）教育 / 医学专业：雅思 7.0+（单项 ≥ 6.5）法学专业：雅思 7.0+（写作 ≥ 7.0）	雅思 6.5+（单项 ≥ 6.0）；托福 100+（写作 ≥ 25）	未达标者可配语言班（学术英语 EAP 课程）

资料来源：根据学校官网数据整理统计。

二、专家观点与建议

1. 精准匹配课程体系：奥克兰大学对学术背景的匹配度要求严格，尤其注重核心学科基础。理科 / 工程专业申请者需重点强化数学（建议高考数学 ≥ 总分 85%）与物理课程，优先选择 AP 微积分、A-Level 物理等国际课程；商科学生应突出统计与经济学能力，可通过奥克兰大学官方合作的 Coursera 平台提前修读《商业数据分析导论》。若高考成绩未达直录标准（如工程专业需 ≥ 总分 80%），建议通过 Taylors College 预科项目衔接，定向选修学术英语与专业基础课，预科均分 80% 可确保直升本科。

2. 进行语言突破：分层攻克薄弱环节。语言要求按专业动态分级：基础专业（如文科）需雅思 6.0+（写作 ≥ 5.5），而教育、医学等专业要求雅思 7.0+（单项 6.5+）。建议分层突破：针对写作短板，参加奥克兰大学语言中心（ELA）的学术写作工坊，掌握 APA 引用规范与批判性论述技巧；医学专业申请者可模拟 OSCE 临床沟通场景，强化专业术语与逻辑表达。若未达标，可选择奥克兰大学学术英语课程（EAP），但需注意，教育专业口语单项低于 6.5 将被直接淘汰。

3. 提高背景竞争力：打造"学术 + 实践"双引擎。奥克兰大学青睐具有科研转化能力与社会责任感的申请者。

- 竞赛：冲击国际高含金量赛事，如 iGEM 合成生物学区域赛、AMC 数学竞赛前 10%，相关成果可同步用于奖学金申请。
- 实践：设计可持续社会项目（如开发毛利语数字保护平台），展现跨文化问题解决能力，此类经历在面试中极具说服力。

三、研究生录取综合指标

奥克兰大学研究生录取指标如下表所示。

类别	基本要求	竞争力门槛	特殊专业附加要求
学术背景	授课型硕士：本科需均分 75%~80%（211/985 院校），双非院校需均分 80%~85% 研究型硕士：本科需均分 80%+，需研究计划（Research Proposal）及学术论文 专业匹配：申请专业需与本科背景高度相关	211/985 院校需均分 85%+；国际期刊论文；国家级科研项目参与经历	商科（MBA）：2 年管理经验 +GMAT 550+ 医学（MD）：需通过面试及临床能力评估
语言成绩	通用标准：雅思 6.5（单项 ≥ 6.0）或托福 90（写作 ≥ 21） 特殊专业：教育 / 护理专业需雅思 7.0（单项 ≥ 6.5）；法学专业需雅思 7.0（写作 ≥ 7.0，其他 ≥ 6.5）	雅思 7.0（单项 ≥ 6.5）；托福 100+（写作 ≥ 25）	临床心理学：雅思 7.5（单项 ≥ 7.0） 翻译研究：需通过 NAATI 认证考试
标化考试	商科：建议提交 GMAT 成绩（600+）或 GRE 成绩（310+） 工程 / 计算机专业：GRE 非强制，但数学 ≥ 160 可加分 法学专业：需通过 LSAT（中位数 155+）	GMAT 成绩 650+/GRE 325+；LSAT 成绩 160+（法学博士 JD 项目）	数据科学：建议提交 Python/R 编程认证（如 Coursera 专项课程）
附加材料	两封学术推荐信（研究型硕士需教授推荐）；个人陈述（需明确职业规划与奥克兰大学研究资源关联）；作品集（建筑 / 设计类专业）；工作证明（MBA/MPA 项目需 2~5 年经验）	国际会议报告 / 专利授权；跨学科合作项目成果（需附成果链接）	音乐表演专业：现场试镜录像 建筑学：3D 建模作品（需附设计说明）

资料来源：根据学校官网数据整理统计。

第 19 章　日本进入 2025 年 QS 排名前 100 的大学

大学名称	2024 年 QS 排名	2025 年 QS 排名	优势学科（QS 学科全球排名）	核心特色
东京大学	29	32	医学（前 10）、工程（前 15）、物理学（前 20）	日本学术巅峰，诺贝尔奖得主摇篮，产学合作资源丰富（如丰田、索尼联合实验室）
京都大学	46	50	化学（前 10）、材料科学（前 20）、数学（前 30）	基础研究强校，iPS 细胞研究全球领先，人文社科与自然科学并重
东京工业大学	91	84	工程技术（前 30）、计算机科学（前 50）	日本"MIT"，专注 STEM 领域，与日立、NEC 合作紧密，创业孵化器活跃
大阪大学	80	86	生命科学（前 50）、药学（前 30）、化学工程	医学与工程交叉创新（如人工器官开发），关西地区产业枢纽（与松下、夏普合作）

资料来源：根据 QS 官网数据整理统计。

东京大学

东京大学的录取风格是全面精英筛选，核心逻辑是学术成绩绝对优先，研究计划需体现跨学科视野，人文社科重理论原创性，理工科需国家级竞赛奖项（如国际物理奥赛）；隐性偏好国际化背景（海外交换 / 国际期刊发表），面试考查逻辑深度与领导力潜质。

一、录取数据

据东京大学数据统计，该校 2023 年国际学生总数约为 4200 人，其中中国学生占比 30%~40%（1260~1680 人）。本科生比例极低。中国学生以研究生（硕士 / 博士）为主，本科阶段录取人数极少（每年 5~20 人）。

普通学部（本科）：每年通过"外国人留学生特别选拔"录取的中国学生 10~30 人。PEAK 国际项目（英语授课）录取中国学生 10~20 人（竞争激烈，录取率低于 5%）。

在录取难度上，理科（如工学、理学）录取率为 8%~12%，文科（如经济学、国际关系）录取率为 5%~10%。

二、中国学生录取标化成绩

1. 标准化考试。

• 日本留学考试（EJU）：理科生需总分 700+/800（数学Ⅱ、物理 / 化学接近满分）。

• 托福 / 雅思：建议雅思 7.0+（PEAK 项目强制要求）或托福 100+。

• 高考成绩：非必需，但重点高中学生若提交，需在一本线以上（如满分 750 分，建议 650 分 +）。

2. 语言能力。

• 日语：普通学部需日语 N1（文科建议 N1 分数 140+），PEAK 项目无硬性日语要求。

• 英语：PEAK 项目需托福 100+ 或雅思 7.0+，普通学部建议托福 90+。

3. 路径选择。

• 普通学部：适合日语流利、EJU 高分学生，需通过校内考试 + 面试。

• PEAK 项目：适合英语顶尖、国际化背景强的学生（需提交高中成绩 + 文书 + 推荐信）。

三、专家观点与建议

1. 成绩为王：EJU 高分（理科 720+/ 文科 680+）是门槛，校内考决定最终录取。

2. 语言能力：普通学部需日语 N1+ 流畅表达，PEAK 项目需英语顶尖 + 国际化视野。

3. 差异化背景：通过奥赛、科研或社会活动证明独特竞争力。

四、研究生录取综合指标

东京大学对中国研究生的录取以学术潜力和研究匹配度为核心，理工科竞争尤为激烈。建议申请者：

1. 提前规划：至少提前 1 年准备语言考试与科研项目。

2. 精准定位：通过 AAO 系统或合作院校（如中国 C9 高校）提升申请成功率。

3. 关注奖学金：日本文部科学省（MEXT）奖学金和我国国家留学基金委（CSC）奖学金申请截止较早（通常为前一年 4 月至 5 月），需同步准备。

类别	具体要求	备注
学历背景	中国教育部认可的本科学位（需学信网认证）	双非院校学生需更高学术成果（如论文、竞赛获奖）
均分 /GPA	无明确最低要求，但建议 GPA ≥ 3.5/4.0（或百分制均分≥ 85%）	理工科偏好科研经历，文科重视语言能力与研究计划深度
语言能力	日语：N1（文科强制要求，理工科建议 N2）英语：托福≥ 90/ 雅思≥ 6.5（部分英语授课项目需提交）	部分全英文项目（如 IPE、ITASIA）可不要求日语，但需英语成绩
研究计划	需提交与申请领域匹配的详细研究计划书（2000~3000 字）	需提前联系导师并获得内诺（部分研究科需通过 AAO 预审）

资料来源：根据学校官网数据整理统计。

京都大学

京都大学的录取风格以学术自由导向为核心。其核心逻辑为研究计划书权重极高（需提出颠覆性假设或方法论创新），弱化标准化考试分数；理工科偏好独立实验能力（如自主搭建模型 / 开源项目），文科需精通多语种文献分析；教授自主裁量权大，申请博士时需提前联系导师并获实验室"预研资格"。

一、录取数据

京都大学官网显示，该校 2023 年国际学生总数约 3000 人，其中中国学生占比为 35%~45%（1050~1350 人）。中国学生以硕士、博士及研究型项目为主（占 90% 以上），本科生极少（每年不足 10 人，占国际本科生比例低于 5%）。受日本"大学国际化战略"推动，中国研究生人数预计小幅增长至 1100~1400 人，理工科（材料科学、生物工程等）扩招明显。

二、中国学生录取标化成绩

1.学术成绩。

● 日本留学考试（EJU）：理科生需总分 700+/800（数学Ⅱ、物理 / 化学接近满分），文科生需总分 680+/800（数学Ⅰ、文综高分）。

● 高考成绩：非必需，但重点高中学生若提交，建议在一本线以上（如满分 750 分，需 650 分 +）。

● 国际课程（如 IB/A-Level）：IB 需 38+/45，A-Level 需 AAA-AAA（理科需数学 / 物理 A）。

2.语言能力。

● 日语：普通学部需日语 N1（建议 130+/180），国际课程（KYOTO iUP）无硬性要求，但建议 N2 以上。

● 英语：托福 90+ 或雅思 6.5+（国际课程项目强制要求，普通学部建议提交）。

3. 路径选择。

● 普通学部：适合日语顶尖、EJU 高分学生，需攻克校内考难题。

● KYOTO iUP：适合英语能力强、学术背景突出的学生（需提交研究计划书 + 推荐信）。

三、专家观点与建议

1. 学术卓越：EJU/ 校内考高分是硬门槛，尤其是理科难度极高。

2. 文化共鸣：文科生需展现对日本文化的深度理解，理工科需突出科研潜力。

3. 提升背景：通过奥赛、论文或文化项目证明独特竞争力。

四、研究生录取综合指标

京都大学研究生录取竞争集中于理工科前沿领域，导师内诺制与学术匹配度是核心门槛。建议申请者尽早规划研究方向，通过论文、项目或夏校提升背景，并针对性联系实验室。

类别	具体要求	备注
学术背景	中国教育部认可的本科学位（985/211 院校优先），均分 ≥ 80%（双非院校需更高）	理工科需相关实验室经历或论文发表（如 SCI/EI 收录）
语言能力	日语项目：日语 N1（文科强制） 英语项目：托福 ≥ 90/ 雅思 ≥ 6.5（部分专业需 GRE）	部分理工科导师接受纯英语申请（如 IGPES 项目）
导师内诺	需提前联系导师并获得研究计划认可（邮件沟通 + 学术 CV+ 初步研究提案）	建议提前 6~12 个月联系，成功率与导师研究方向匹配度强相关
申请材料	1. 研究计划书（2000 字） 2. 推荐信（2 封） 3. 发表论文 / 项目证明 4. 语言成绩	研究计划书需明确问题意识、方法论及与京都大学资源的关联性

资料来源：根据学校官网数据整理统计。

东京工业大学

东京工业大学的录取风格以技术实用主义为核心，重视硬核数理能力测试，工程类申请需提供技术原型（如机器人／代码仓库），材料科学注重专利转化潜力。

一、录取数据

东京工业大学官网显示，该校国际学生总数约为 2000 人（占全校学生的 20%），其中中国学生占比为 30%~35%（600~700 人）。本科生比例极低，中国学生以研究生（硕士／博士）为主，本科阶段录取人数极少（每年 10~30 人）。受日本"超级国际化大学计划（SGU）"推动，2024 年本科生国际招生名额小幅增加，但竞争依然激烈。

二、中国学生录取标化成绩

1. 学术成绩。

• 日本留学考试（EJU）：理科生需总分 700+/800（数学Ⅱ、物理、化学接近满分）。

• 高考成绩：非必需，但重点高中学生若提交，建议在一本线以上（如满分 750 分，需 600 分＋）。

• 国际课程（如 IB/A-Level）：IB 需 38+/45，A-Level 需 AAA-AAA（数学／物理必选）。

2. 语言能力。

• 日语：常规学部需日语 N2 以上（建议 N1），GSEP 英语项目无硬性日语要求。

• 英语：托福 90+ 或雅思 6.5+（GSEP 项目强制要求）。

3. 路径选择。

● 常规学部：适合日语流利、EJU 高分学生，需通过校内考试（笔试 + 面试）。

● GSEP 项目：适合英语顶尖、国际化背景强的学生（需提交研究计划书 + 视频面试）。

三、专家观点与建议

1. 硬核学术：EJU/ 校内考高分是门槛，理科难度尤其突出。

2. 实践能力：通过竞赛、科研或工程项目证明技术应用潜力。

3. 语言适配：常规学部需日语 N2+，GSEP 需英语顶尖 + 国际化视野。

4. GSEP 项目优先：英语项目竞争相对可控，建议提交 SAT/IB 高分 + 科研经历（如夏校、实验室实习）。

5. 日语项目谨慎选择：需提前 1~2 年赴日本学习语言并备考 EJU，适合已有 N1 基础的学生。

四、研究生录取综合指标

类别	具体要求	备注
学术背景	985/211 院校均分 ≥ 80%，双非院校均分 ≥ 85%（理工科需相关专业背景）	材料科学、计算机等热门专业竞争激烈（双非院校学生均分建议 ≥ 88%）
语言要求	英语项目：托福 ≥ 90/ 雅思 ≥ 6.5 日语项目：日语 N2+（部分实验室要求 N1）	英语项目更普及（如 IGP），但日语能力可提升竞争力
研究计划	需与目标教授研究方向高度匹配，建议提前邮件联系获取导师内诺	部分实验室需提交编程 / 实验成果（如 GitHub 代码、论文）
推荐信	2 封学术推荐信（需教授署名，注明与申请人的具体合作）	若有海外教授推荐信更佳

资料来源：根据学校官网数据整理统计。

大阪大学

大阪大学的录取风格以"地域贡献＋实践创新"为核心，重视医学与工程，注重实地研究（如地方医疗数据、工业技术落地案例）；文科需社会调研经历（如老龄化、少子化政策分析），商科倾向创业计划书；关西地区高中与企业推荐信显著加分，面试考察解决本土问题的逻辑。

一、录取数据

大阪大学官网显示，该校国际学生总数约为 3800 人，其中中国学生占比为 35%~40%（1330~1520 人）。其中，本科生占比极低，中国学生以研究生（硕士 / 博士）为主，本科生占比不足 5%（每年录取 10~30 人）。

录取率：常规考试路径中国学生成功率 < 5%，HUS 项目（Human Sciences International Undergraduate Program）是大阪大学主要英文本科项目，成功率为 8%~12%。

受日本"留学生扩招计划"影响，中国学生人数预计小幅增长至 1400~1600 人，但本科名额仍稀缺。中国学生集中在工学、基础工学、生命科学等理工科领域，文科（如国际公共政策）占比不足 15%。2024 年日本政府推动"国际卓越大学计划"，优先扩招 STEM 领域留学生。

二、中国学生录取标化成绩

1. 学术成绩。

- 日本留学考试（EJU）：理科生需总分 680+/800（数学Ⅱ、物理、化学均分 85%+）；文科生需总分 650+/800（日语含论述 320+/400，文综高分）。
- 国际课程（如 IB/A-Level）：IB 需 36+/45，A-Level 需 AAA-AAA（理科需数学 / 物理 A）。
- 高考成绩：非必需，但提交者需在一本线以上（如满分 750 分，建议

600 分 +）。

2. 语言能力。

● 日语：普通学部需 N1（文科建议 130+/180），HUS 项目无硬性要求但建议 N2。

● 英语：托福 90+ 或雅思 6.5+（HUS 项目强制要求）。

3. 路径选择。

● 普通学部：适合日语顶尖、EJU 高分学生，需攻克校内考难题。

● HUS 项目：适合英语能力强、国际化背景突出的学生（需提交研究计划书 + 推荐信）。

三、专家观点及建议

1. 学术硬实力：EJU/ 校内考高分是基础，尤其是理科综合能力。

2. 实践与创新：通过科研、竞赛或社会实践展现问题解决能力。

3. 文化兼容性：文科生需深入理解日本社会，理工科学生需突出技术应用潜力。

4. 常规考试路径对日语和 EJU 要求极高，因此建议优先考虑"英语授课项目"（需顶尖标化成绩 + 科研背景）。

四、研究生录取综合指标

申请大阪大学时，建议理工科优先联系实验室教授，文科需突出日语能力与学术独创性，奖学金申请同步提交（如 MEXT/ 大阪大学国际奖学金）。

类别	语言要求	学术要求	关键材料
理工科	托福 ≥ 80/ 雅思 ≥ 6.0（日语 N2, 非强制）	本科学位（985/211 院校 GPA ≥ 3.2，双非院校 ≥ 3.5）+ 科研经历	研究计划书、推荐信（教授署名）、论文 / 专利证明
文科	日语 N1（总分 ≥ 130）+ 托福 ≥ 90	本科学位（相关专业）+ 理论深度（需提交写作样本）	日英双语研究计划书、文化适应能力陈述

资料来源：根据学校官网数据整理统计。

第 20 章　韩国进入 2025 年 QS 排名前 100 的大学

大学名称	2024 年 QS 排名	2025 年 QS 排名	优势学科（QS 学科全球排名）	核心特色
首尔国立大学	41	31	化学工程（前 20）、医学（前 50）、计算机科学	韩国顶尖综合性大学，与三星、LG 等企业合作紧密，政府智库级研究项目主导者
韩国科学技术院	56	53	电子工程（前 30）、材料科学（前 20）、人工智能（前 10）	韩国 "MTI"，以全英文授课为主，聚焦科技创新（如机器人、量子计算）
延世大学	76	56	医学（前 100）、心理学（前 150）、经济学	医学领域亚洲领先（延世大学医院），全球合作网络覆盖哈佛、剑桥等名校
高丽大学	79	67	法学（前 100）、商科（前 150）、国际关系	韩国 SKY 名校之一，商学院(Korea Business School) 获 AACSB 认证，国际化程度高
浦项工科大学	71	98	材料科学（前 30）、化学工程（前 50）、能源	韩国理工科标杆，产学结合典范（与浦项制铁联合研发），师生比为 1：6

资料来源：根据 QS 官网数据整理统计。

首尔国立大学

首尔国立大学（SNU）一直贯彻全面精英筛选机制来选拔人才。

一、录取数据

首尔国立大学官网显示，该校国际学生总数约为 3500 人，其中中国学生占比为 25%~30%（875~1050 人）。在学历分布上，中国本科生为 100~150 人（占中国学生总数的 10%~15%，竞争激烈），中国研究生（硕士 / 博士）人数占 85% 以上，700~900 人（其中理工科占 60% 以上）。受韩国"Study Korea 300K 计划"推动，中国学生人数预计会增长至 900~1100 人，理工科扩招明显。

二、中国学生录取标化成绩

1. 学术成绩。

• 高考成绩：需一本线以上（如满分 750 分，建议 650 分 +），部分顶尖高中学生可免高考（需校内成绩前 5%）。

• 国际课程（如 IB/A-Level）：IB 需 38+/45，A-Level 需 AAA-AAA（理科需数学 / 物理 A）。

• 高中成绩：GPA 3.8/4.0+（或年级前 10%）。

2. 语言要求。

• 韩语：TOPIK 5 级及以上（文科建议 6 级，部分理工科可放宽至 4 级）。

• 英语：托福 100+ 或雅思 7.0+（英语授课项目强制要求）。

3. 路径选择。

• 普通学部：需韩语流利（TOPIK 5+），通过 SNU 自主笔试（如数学 / 专业科目）。

• SNU LEAP：适合英语顶尖的学生，需提交研究计划书 + 视频面试。

三、专家观点与建议

1. 学术成绩最重要：成绩（GPA/ 标化考试）是硬门槛，竞赛 / 科研是加分项。

2. 掌握语言能力：韩语 / 英语双优者更具竞争力（尤其是文科）。

3. 寻找文化共鸣：展现对韩国社会、产业的理解（如 K-POP 全球化、半导体产业）。

4. 谨慎选择：韩语授课项目录取率为 5%~8%（如经营学、计算机科学）。英语授课项目（如国际学部）录取率为 10%~15%。

四、研究生录取综合指标

建议理工科优先联系导师（邮件附研究计划），文科需突出跨文化研究能力。

类别	录取人数（预测）	申请要求	竞争比例
硕士	200~300 人	英语成绩（托福 ≥ 90/ 雅思 ≥ 6.5）或韩语 TOPIK 4 级（理工科可豁免），本科 GPA ≥ 3.2/4.0 + 研究计划书	10%~15%（理工科略高）
博士	80~120 人	硕士论文或 SCI/EI 论文发表记录，导师内诺制（提前 6~12 个月联系教授）	5%~8%
联合项目	30~50 人	双学位项目（如 SNU-ETH Zurich）需 GRE ≥ 320 + 研究提案	全球竞争（录取率 < 7%）

资料来源：根据学校官网数据整理统计。

韩国科学技术院

韩国科学技术院（KAIST）以科研能力至上作为录取学生的主要逻辑。

一、录取数据

据 KAIST 不完全统计，该校国际本科生总数约为 800 人，其中中国学生占比为 15%~20%（120~160 人）。受韩国"全球科技人才计划"推动，中国学生人数预计增长至 150~200 人，主要集中在计算机科学、电子工程、人工智能等领域。在 KAIST 的中国学生主要是研究生。每年录取的中国本科学生只有 10~30 人。

二、中国学生录取标化成绩

1.学术成绩。

• 高考成绩：一本线以上（如满分 750 分，建议 650 分 +），或国际课程（IB/A-Level/AP）成绩顶尖（IB 需 40+/45，A-Level 需 AAA，AP 课程需 5 门 5 分）。

• SAT/ACT：非强制但建议提交（SAT 1500+/1600，ACT 34+/36）。

• 学科竞赛：国际奥赛（IMO/IPhO/ICHO 奖牌）、全国竞赛（省级一等奖以上）、Kaggle/ 机器人竞赛（如 VEX 世界赛）。

2.语言要求。

• 英语：托福 100+ 或雅思 7.0+（KAIST 本科课程全英语授课，无韩语要求）。

• 韩语：非必需，但掌握基础韩语（TOPIK 3 级及以上）有助于适应生活。

3.申请路径。

• 常规申请：需提交高中成绩、标化考试（建议 SAT/ACT）、个人陈述、推荐信。

• Global Scholar Program：需额外提交研究计划书 + 视频面试（重点展示跨学科潜力）。

三、专家观点与建议

1.用硬核学术说话：数学 / 科学成绩顶尖，竞赛 / 科研证明技术潜力。

2.展现创新思维：通过实践项目展现问题解决能力与创业精神。

3.该校为理工科院校，偏好有科研潜力的学生，如科技竞赛获奖（如奥赛、机器人竞赛）、编程项目（GitHub 开源贡献）、科研论文发表等。

四、研究生录取综合指标

该校对研究生的录取逻辑是以科研能力和学术成果为核心筛选标准，英语能力为硬门槛，弱化韩语要求，优先匹配实验室需求。

类别	具体要求	加分项
学术背景	本科学位（理工科相关专业）：GPA ≥ 3.3/4.0（985/211 院校可放宽至 3.0），科研经历（论文/专利/实验室项目）	国际竞赛获奖（如 ACM、Kaggle）、开源项目贡献、知名企业实习经历
语言能力	托福 ≥ 90/雅思 ≥ 6.5（无韩语强制要求，但韩语 TOPIK 3 级及以上可提升竞争力）	英语口语流利（面试重点考查逻辑表达能力）
研究计划	需与目标实验室研究方向高度契合，建议提前邮件联系导师（附个人成果摘要）	已发表论文（SCI/EI 收录）、导师推荐信明确支持

资料来源：根据学校官网数据整理统计。

延世大学

延世大学以学术优先为核心，打造世界一流学府。

一、录取数据

延世大学官网显示，该校全体在册国际学生总数约为 4000 人。基于韩国高校中国学生平均比例（25%~30%）及该校学科热度（商科、工科及韩语教育领域国际生集中度较高）综合推算，该校中国学生（含本科生、研究生及语言研修生）总数为 1000~1200 人，占国际学生群体的主导地位。

其中，理工科（计算机、生物医学）中国学生占比达 35%~40%，商科（经营学院）占比约为 25%；受韩国 "Study Korea 300K 计划" 推动，中国学生总数预计增至 1200~1400 人，研究生扩招幅度更大（尤其在 AI、数据科学领域）。

二、中国学生录取标化成绩

1.学术成绩。

● 高考成绩：建议在一本线以上（如满分 750 分，需 600 分＋）。

● 国际课程（IB/A-Level）成绩优秀（IB 需 36+/45，A-Level 需 AAB-AAA）。

● 高中成绩：GPA 3.6/4.0+（或年级前 15%）。

2.语言要求。

● 韩语：TOPIK 5 级及以上（文科建议 6 级，UIC 项目可豁免）。

● 英语：托福 90+ 或雅思 6.5+（UIC 项目强制要求）。

三、专家观点与建议

1.提高学术成绩，韩语能力，表现文化适应力，文科和商科需突出跨文化经历。

2.顶尖理科成绩＋科研实践是关键，英语能力与技术创新思维是加分项。

四、研究生录取综合指标

类别	具体要求	加分项
学术背景（40%）	本科 / 硕士 GPA ≥ 3.3（双非院校需≥ 3.5） 理工科需论文 / 专利 / 实验数据；商科需竞赛或名企实习经历	国际竞赛获奖（如 Kaggle 金牌） 知名期刊论文（SCI 一作）
语言能力（25%）	英语项目：托福 ≥ 90/ 雅思 ≥ 6.5（商科建议托福 ≥ 100） 韩语项目：TOPIK 5 级（文科强制）	韩语 TOPIK 6 级（文科） 英语口语流利（面试加分）
研究匹配度（20%）	研究计划书需引用目标导师近 3 年的论文 提前邮件联系导师（附简历＋成果摘要）	导师明确回复支持意向 研究方向与实验室课题高度契合
推荐与面试（15%）	推荐信需由学术导师 / 行业权威撰写（具体案例描述） 面试考查逻辑表达与跨文化适应力（商科需模拟案例分析）	推荐人与延世大学教授有合作 面试展示过往项目成果（如 GitHub 代码、专利）

资料来源：根据学校官网数据整理统计。

高丽大学

高丽大学以"学术门槛高 + 研究适配性"为录取逻辑。

一、录取数据

高丽大学官网显示，该校国际学生总数约为 4200 人，其中中国学生占比为 28%~32%（1176~1344 人）。其中国际本科生总数约为 1200 人，中国本科生占比为 25%~30%（300~360 人）。在高丽大学的中国学生以商科（经营学、经济学）、国际关系、传媒、韩语教育为主要方向。受韩国"Study Korea 300K 计划"推动，中国学生总数将进一步增加，研究生扩招幅度远大于本科生。

二、中国学生录取标化成绩

1. 学术成绩。

● 高考成绩：建议一本线以上（如满分 750 分，需 550 分 +），或国际课程（IB/A-Level）成绩优秀（IB 需 34+/45，A-Level 需 AAB-AAA）。

● 高中成绩：GPA 3.5/4.0+（或年级前 20%）。

2. 语言要求。

● 韩语：TOPIK 4 级及以上（文科建议 5 级，部分英语授课项目可豁免）。

● 英语：托福 90+ 或雅思 6.5+（英语授课项目强制要求）。

3. 路径选择。

● 常规申请：需提交高中成绩、语言成绩、个人陈述、推荐信。

● GLD 项目：需额外提交英文文书 + 视频面试（重点展示国际化视野）。

三、专家观点与建议

1. 学术达标：成绩达标（GPA/ 标化考试）+ 语言能力（韩语 / 英语）。

2. 实践创新：通过竞赛、创业或文化项目展现独特竞争力。

3. 文化认同：体现对韩国社会、产业的理解（如韩流文化、半导体产业）。

4. 认真比对：韩语授课项目录取率为 8%~12%（商科、传媒等热门专业低于 10%）。英语授课项目录取率为 15%~20%（需 SAT ≥ 1400/IB ≥ 36）。

四、研究生录取综合指标

类别	具体要求	加分项
学术背景	本科学位（理工科相关专业）需 GPA ≥ 3.3/4.0（985/211 院校可放宽至 3.0），科研经历（论文/专利/实验室项目）	国际竞赛获奖（如 ACM、Kaggle） 开源项目贡献 知名企业实习经历
语言能力	托福 ≥ 90/ 雅思 ≥ 6.5 （无韩语强制要求，但韩语 TOPIK 3 级及以上可提升竞争力）	英语口语流利（面试重点考察逻辑表达能力）
研究计划	需与目标实验室研究方向高度契合，建议提前邮件联系导师（附个人成果摘要）	已发表论文（SCI/EI 收录） 导师推荐信明确支持

资料来源：根据学校官网数据整理统计。

浦项工科大学

浦项工科大学（POSTECH）以小而精的理工优势著称。

一、录取数据

据 POSTECH 不完全统计，该校国际本科生为 80~120 人（占全校本科生总数的 5%~8%），中国学生占比为 15%~25%。因 POSTECH 本科国际招生规模小（2024 年对中国仅开放约 10 个名额），中国本科生不足 50 人。中国学生主要集中在材料科学、计算机工程、化学等学科。中国学生主要集中在博士生方向，有 60% 的中国学生是博士生就读。POSTECH 推行"全球 STEM 英才计划"，国际本科生小幅扩招，中国本科生招生人数预计增至 15~35 人。

二、中国学生录取标化成绩

1. 学术成绩。

• 高考成绩: 一本线以上（如满分 750 分，建议 650 分 +），或国际课程（IB/A-Level/AP）成绩顶尖（IB 需 40+/45，A-Level 需 AAA，AP 课程需 5 门 5 分）。

• SAT/ACT（非强制但建议）：SAT 需 1500+/1600，ACT 需 34+/36。

• 学科竞赛：国际奥赛（IMO/IPhO/ICHO 奖牌）、全国竞赛（省级一等奖）、Kaggle/ 机器人竞赛（如 FRC 全球赛）。

2. 语言要求。

• 英语：托福 100+ 或雅思 7.0+（POSTECH 本科全英文授课，无需韩语成绩，但基础韩语 TOPIK 3 级及以上可提升生活便利性）。

三、专家观点与建议

1. 硬核科研实力：学术成绩顶尖（尤其是数学 / 科学）+ 科研论文 / 竞赛成果。

2. 技术创新思维：通过项目展示解决复杂问题的能力，如开源代码、专利设计。

3. POSTECH 本科生以全英文授课为主，无韩语强制要求（但建议 TOPIK 3 级及以上以适应生活）。

4. 2024 年新增 "AI+ 材料科学" 双学位项目，优先录取有跨学科背景的申请者。

四、研究生录取综合指标

材料科学 / 化学工程方向，需提交实验数据或专利证明（如锂电池、纳米材料方向）。计算机科学方向，偏好顶会论文（如 NeurIPS、ICML）或开源项目贡献（GitHub 链接）。

类别	申请要求	语言与标化要求
硕士	研究计划书（需匹配实验室方向）	英语成绩（托福 ≥ 95/ 雅思 ≥ 7.0） 本科 GPA ≥ 3.5/4.0（985/211 院校背景优先）
博士	硕士阶段发表 SCI 论文（至少 1 篇一作） 提前联系导师并获得内诺（需附研究提案）	英语成绩（托福 ≥ 95/ 雅思 ≥ 7.0） GRE ≥ 325
联合培养	与麻省理工学院、苏黎世联邦理工学院等合作项目	GRE ≥ 325 + 英文面试

资料来源：根据学校官网数据整理统计。

第 21 章　中国香港进入 2025 年 QS 排名前 100 的大学

大学名称	2024 年 QS 排名	2025 年 QS 排名	优势学科 （QS 学科全球排名）	核心特色
香港大学	26	17	医学（前 20）、法学（前 20）、教育学（前 10）	亚洲顶尖综合性大学，国际研究合作网络（如牛津大学、剑桥大学），香港医学教育标杆
香港中文大学	47	36	传播学（前 30）、护理学（前 20）、人工智能（前 20）	中文与跨文化研究全球领先，粤港澳大湾区 AI 研究中心，商学院获三重认证（AACSB/AMBA/EQUIS）
香港科技大学	60	47	工程（前 30）、商科（前 50）、数据科学（前 20）	亚洲"硅谷"式创新教育，创业孵化器，绿色科技研究突出
香港理工大学	65	57	酒店管理（前 3）、设计学（前 20）、土木工程（前 20）	应用型研究典范（如国家高铁轨道安全监测技术），与香格里拉酒店、万豪酒店深度合作
香港城市大学	70	62	语言学（前 20）、材料科学（前 50）	纳米科技实验室亚洲领先（如超材料研究），与阿里巴巴共建"智能城市联合实验室"

资料来源：根据 QS 官网数据整理统计。

香港大学

香港大学（HKU）以"顶尖学术＋全球视野"为核心逻辑，申请者需以高考超高分（全省前 0.1%）为基础，叠加学科竞赛、英语卓越、社会实践等差异化优势。

一、录取数据

香港大学年度报告及香港大学教育资助委员会（UGC）数据显示，该校在读内地学生（本科、硕士与博士）总数约为 4500 人，占非本地学生的 70%~80%。作为香港顶尖综合性大学，HKU 在医学、商科（如金融、经济学）、工程及法律领域的国际化课程吸引内地学生，非香港本地本科生中内地学生占比为 70%~80%。

二、内地学生录取标化成绩

1.学术成绩。

• 高考生：超一本线 150 分以上（如满分 750 分，建议 680 分＋），部分省份状元级分数（如北京／上海前 50 名）。

• 国际课程：IB 需 40+/45，A-Level 需 AAA-4A，AP 需 5 门 5 分和 SAT 1500+。

2.语言要求。

• 英语：雅思 7.0+（单项 ≥ 6.5）或托福 100+（部分专业如法律需雅思 7.5）。

三、专家观点与建议

1.保持顶尖学术水平：如果是高考生，成绩需达到上海交通大学和复旦大学录取水平。

2.融合实践创新：高含金量竞赛＋名企实习＋社会贡献。

3.面试准备充分：香港大学采用多站迷你面试（MMI）方式，需练习案例分析（如"如何解决香港住房问题？"）。

四、研究生录取综合指标

香港大学以"学术顶尖＋职业实践"为核心逻辑，商科、计算机及法学领域尤其注重量化能力与行业顶尖经验。申请者需通过超高标化成绩、深度科研/实习及精准匹配港大研究资源（如金融科技实验室、AI研究中心）提升竞争力。

考试类型	最低要求	竞争力标准
GPA	硕士：3.3/4.0	商科/计算机实际录取均分：985/211院校（85%+），双非院校（88%+）
GRE/GMAT	商科强制提交（GMAT 680+/GRE 325+）	金融学需 Quant 85%+
语言成绩	雅思6.5（单项≥6.0）或托福80+	法学/新闻需雅思7.0+（单项≥6.5）

资料来源：根据学校官网数据整理统计。

香港中文大学

香港中文大学（CUHK）以"学术顶尖＋跨文化视野"为核心逻辑，商科、医学及工程专业需通过超高分标化成绩和深度学科实践展现竞争力。

一、录取数据

根据香港中文大学年报及非本地学生统计数据，该校在读内地学生(本科、硕士与博士）总数约为4000人，占非本地学生的70%~80%。作为香港顶尖综合性大学，CUHK在商科（金融学、管理学）、工程（人工智能、计算机科学）及社会科学领域的优势吸引大量内地学生。CUHK每年通过"全国普通高校统一招生计划"招收内地本科生约300人（2023年计划为305人），约占本科生总人数的 10%。

近年申请人数为 1.5 万 ~2 万人,录取率为 1.5%~2%,热门专业(如商科、医学、计算机)竞争更激烈。

指标	数据 / 特点
申请人数	内地学生约为 12000 人(重点中学占比超 60%)
总录取人数	300~400 人(整体录取率为 2.5%~3.3%,竞争激烈)
录取学生背景	985/211 院校附属中学占比约为 65%,一线城市(北上广深)学生占比约为 55%
标化要求	高考总分全省前 0.5%~1%(理科生需数学 / 物理突出,文科生需语文 / 英语高分)
英语要求	高考英语 ≥ 130/150(法律、环球商业等专业需 ≥ 140),雅思 6.5/ 托福 90 可替代
面试要求	约 20% 申请人获得面试资格(全英文个人面试 + 小组讨论),面试表现占录取权重的 30%

资料来源:根据学校官网数据整理统计。

二、内地学生录取标化成绩

1. 高考分数:超一本线 120 分以上(满分 750 分),部分省份理科前 0.5%、文科前 0.3%。

2. 英语单科:普遍 130+/150 分(或雅思 6.5+/ 托福 90+)。

3. 竞赛背景:部分学生有奥赛、科创类奖项(如奥数、物理、信息学等)。

三、专家观点与建议

1. 以高考成绩为核心:确保总分和英语单科成绩达到历年录取中位数(参考高校官网各省份分数线)。

2. 补充材料:高考生如有 SAT/AP/A-Level 成绩可提交(非必需,但能增强竞争力)。

3. 提前批填报:CUHK 属统招提前批,不影响本科一批录取,建议填报。

4. 面试准备:全英文,关注时事热点(如 AI 伦理、大湾区发展),需展现批判性思维。

四、研究生申请综合指标

香港中文大学对内地研究生的录取继续呈现走高态势，竞争更为激烈，建议申请者尽早规划，提升学术成绩与软实力，并针对性优化申请材料。

类别	具体要求	热门专业示例	备注
GPA 要求	985/211 院校：建议 80 分（3.3/4.0）以上 双非院校：建议 85 分（3.5/4.0）以上	商科、计算机科学、法学	商科、计算机等热门专业实际录取 GPA 普遍高于门槛（如商科录取均分 85+）
语言成绩	雅思：总分 6.5+（单项 ≥ 5.5） 托福：79+ 部分专业接受大学英语六级（CET-6）：≥ 430	社会工作、中国研究（接受 CET-6）	英语授课专业（如商科、计算机专业）需雅思/托福成绩；人文社科部分专业可接受 CET-6 成绩
标化考试	商科：建议 GMAT 650+/GRE 320+（非强制但强烈建议） 其他专业：通常不要求 GRE/GMAT	MBA、金融学、经济学	计算机科学等理工科若有 GRE（Quant 160+）可加分
科研/实践经历	研究型硕士（MPhil/PhD）：需发表论文或参与科研项目 授课型硕士：名企实习、竞赛奖项	计算机科学、新闻与传播、公共政策	商科注重实习（如四大会计师事务所、投行），传媒注重作品集，理工科注重实验室经历
文书材料	个人陈述（PS）：需匹配 CUHK 课程资源 推荐信：2 封学术/职业推荐信	所有专业	跨专业申请需在 PS 中解释动机并展示相关能力（如辅修课程、实践经历）

资料来源：根据学校官网数据整理统计。

香港科技大学

香港科技大学（HKUST）以"顶尖学术 + 创新实践"为核心逻辑，工科、商科及跨学科领域需通过超高分标化成绩、国际级竞赛奖项及深度项目经历展现竞争力。

一、录取数据

总体规模：根据香港教育局统计报告及 HKUST 内部数据，该校在读内地学生（本科、授课型硕士、研究型硕士及博士）总数约为 1900 人，占非本地学生的 60%~70%。作为亚洲顶尖研究型大学，HKUST 在工程、商科（如金融学、MBA）及人工智能领域的全球排名（QS 学科排名全球前 30）吸引大量内地学生。HKUST 每年通过"全国普通高校统一招生计划"招收内地本科生约 190 人（2023 年计划为 190 人），占本科生总人数的 8%~10%。

近年申请人数为 1.3 万 ~1.5 万人，录取率为 1.3%~1.5%，竞争激烈程度略高于香港中文大学。热门专业（如计算机科学、电子工程、金融科技）录取率低于 1%。

二、内地学生录取标化成绩

1. 高考分数：理科生超一本线 130 分以上（满分 750 分），部分省份理科前 0.3%；文科生要求略低，但需全省前 0.5%。

2. 英语单科：普遍 135+/150 分（或雅思 7.0+/ 托福 100+），理工科对英语要求稍低但需达标。

3. 竞赛背景：奥赛（数理化生、信息学）、科创竞赛（如青少年科技创新大赛）获奖者占比高。

4. 科研实践：参与实验室项目、发表论文、专利发明等经历受青睐。

5. 课外活动：科技社团、编程马拉松（Hackathon）、创业比赛等体现创新能力。

6. 国际视野：海外夏校、模联、国际学术会议等经历成为加分项。

三、专家观点与建议

1. 官网上为最低分录取指标，但其实有隐性门槛：实际录取者雅思均分 7.0+，托福 105+，口语 / 写作单项突出。

2. 以高考成绩为基石：理科生重点提升数学、物理 / 化学成绩，文科生需强化英语和逻辑能力。

3. 竞赛与科研：信息学奥赛（NOI）、丘成桐中学科学奖等获奖者优先，建议从高一、高二开始积累。

四、研究生录取综合指标

香港科技大学以"科技创新 + 产业联动"为核心逻辑，商科、计算机及工程领域尤其注重技术落地能力与顶尖学术背景。

考试类型	最低要求	竞争力标准
GPA	硕士：3.3/4.0	热门专业（如商业分析）实际录取均分 85%+
GRE/GMAT	商科强制提交（GMAT 650+/GRE 320+）	金融科技需 Quant 85%+
语言成绩	雅思 6.5（单项 ≥ 5.5）或托福 80	商科 / 计算机专业需更高成绩（如雅思 7.0+，单项 ≥ 6.0）

资料来源：根据学校官网数据整理统计。

香港理工大学

香港理工大学延续了"择优录取"原则，建议考生高考总分至少超一本线 60 分，并注重英语与单科成绩。

一、录取数据

根据香港教育局报告及香港理工大学内部数据，该校在读内地学生（本科、硕士与博士）总数约为 4000 人，占非本地学生的 60%~70%。作为香港顶尖应用型大学，其工程学、酒店管理、设计学及人工智能领域的实践导向课程吸引内地学生。香港理工大学每年通过"全国普通高校统一招生计划"招收内地本科生 200~220 人（2023 年计划为 210 人），占本科生总人数的 8%~10%。

近年申请人数为 8000~10000 人，录取率为 2%~2.5%，热门专业（如酒店管理、设计学、土木工程）竞争激烈，录取率低于 1.5%。

二、内地学生录取标化成绩

1. 高考分数：超一本线 100 分以上（满分 750 分），理工科需全省前 1%~2%，文科、商科需全省前 1.5%~3%。

2. 英语单科：普遍 125+/150（或雅思 6.5+/ 托福 90+），设计、语言类专业对英语要求更高。

3. 实践背景：应用型学科偏好有相关实习、项目经历或竞赛奖项（如全国结构设计大赛、机器人竞赛）。

三、专家观点与建议

1. 做好充分的学术准备。

● 高考成绩最关键：重点提升数学、物理（理工科）或英语、语文（文科）成绩，部分专业需提交附加材料（如设计作品集）。

● 实践经历：申请工程类专业建议积累 CAD/ 编程技能，酒店管理专业可考取 WSET 品酒师等证书。

2. 提前批填报专业志愿，避免扎堆热门专业。

● 提前批填报：香港理工大学在统招提前批录取，建议第一志愿填报，可搭配香港浸会大学、岭南大学作为备选。

● 专业匹配：避免扎堆热门专业（如酒店管理），可考虑新兴交叉学科（如人工智能与设计、智慧城市管理）。

● 面试准备：部分专业需面试（如社会工作、设计学），设计类需现场创作，商科类侧重案例分析。

四、研究生录取综合指标

类别	具体要求	热门专业附加要求	备注
学历背景	中国教育部认可的本科学历 / 硕士学位；本科 GPA ≥ 3.0/4.0（或均分 80/100，双非院校建议 ≥ 85）	工程类硕士：需相关专业背景（如机械工程本科申请机械工程硕士） 商科硕士：建议 GMAT ≥ 600 或 GRE ≥ 310	部分专业接受跨专业申请（如信息技术硕士需补修编程基础课程）

续表

类别	具体要求	热门专业附加要求	备注
语言要求	雅思：总分 6.5+（单项 ≥ 5.5）托福：总分 80+（写作 ≥ 20）CET-6：接受六级成绩 ≥ 450 分（仅限部分专业）	英语研究硕士：雅思 7.0+（单项 ≥ 6.5）翻译硕士：需通过专业笔试及面试	语言成绩有效期 2 年，建议申请前半年考取
学术材料	（1）学位证 / 成绩单（中英文原件 + 学校盖章）；（2）学信网认证报告（教育部学历认证）；（3）研究计划（研究型硕士需 1500 词，英文撰写）	设计学硕士：需提交作品集（PDF ≤ 20 页）博士申请：需发表至少 1 篇相关论文（SSCI/SCI 优先）	授课型硕士通常无需研究计划

资料来源：根据学校官网数据整理统计。

香港城市大学

香港城市大学（CityU）对内地本科生的录取保持较高竞争力，建议高考分数超一本线 50 分以上，并提前准备语言成绩及附加材料。

一、录取数据

根据香港城市大学年度报告及香港大学教育资助委员会（UGC）数据，该校在读内地学生（本科、硕士与博士）总数约为 3200 人，占非本地学生的 75%~85%。作为香港以应用研究闻名的综合性大学，香港城市大学在商科（如金融工程）、计算机科学、创意媒体及材料科学领域的优势吸引内地学生。香港城市大学每年通过"全国普通高校统一招生计划"招收内地本科生 220~240 人（2023 年计划为 230 人），占本科生总人数的 8%~10%。2024 年预计保持相近规模，具体计划需以教育部及校方公布为准。

近年申请人数为 1 万 ~1.2 万人，录取率为 2%~2.5%，热门专业（如金融工程、计算机科学、创意媒体）竞争激烈，录取率低于 1.8%。

二、录取学生的标化成绩

1. 高考分数：理科生超一本线 110 分以上（满分 750 分），文科生超一本线 90 分以上，部分省份理科前 1%、文科前 1.5%。

2. 英语单科：普遍 130+/150 分（或雅思 6.5+/ 托福 90+），商科、法律专业要求更高（雅思 7.0+）。

3. 学科特长：理工科偏好奥赛奖项（如数学、物理省级以上），商科重视数学能力（如 AMC 竞赛成绩）。

三、专家观点与建议

• 高考核心科目：理科生重点提升数学、物理成绩（部分专业要求数学单科成绩 140+/150），文科生强化英语及逻辑思维。

• 标化考试：申请商科建议提交 GMAT（600+）或 SAT 数学（750+），理工科可补充 AP 物理 / 微积分成绩。

• 作品集 / 附加材料：创意媒体专业需提交 3~5 个原创作品（视频、平面设计等），展现叙事与技术能力。

四、研究生录取综合指标

香港理工大学延续了"综合评估"原则，建议申请者聚焦专业匹配度与差异化优势。商科、设计等热门领域需"高标化成绩 + 强实践背景"，研究型项目需提前联系导师。合理规划时间线，优化申请材料，并密切关注官方动态以把握最新政策调整。

类别	具体要求	备注 / 示例
院校背景	优先 985/211 大学或"双一流"高校；双非院校学生需 GPA 或实践经历突出	双非院校学生申请商科建议 GPA ≥ 85%
GPA 要求	授课型硕士：均分 ≥ 80%（双非院校建议 ≥ 85%）研究型硕士（MPhil/PhD）：均分 ≥ 85%	研究型项目需发表论文（如 EI/SCI）或参与国家级科研项目

续表

类别	具体要求	备注 / 示例
专业匹配度	跨专业申请需辅修证明、相关实习或研究经历	文科转传媒需作品集；工程转计算机需编程项目证明
英语要求	雅思 6.5+（单项 ≥ 6.0）；托福 80+（网考）；部分专业接受大学英语六级考试成绩（CET-6）（≥ 500 分）	接受大学英语六级考试成绩的专业：中国语言学、社会工作等
豁免条件	本科为全英文授课或英语国家学位	需提交学校官方证明信
GRE/GMAT	商科（金融、MBA）：建议 GMAT ≥ 650 或 GRE ≥ 320（非强制但加分）工程类：无需 GRE 成绩	工程类若提交 GRE Quant ≥ 160 可增强竞争力

资料来源：根据学校官网数据整理统计。

第 22 章　新加坡进入 2025 年 QS 排名前 100 的大学

大学名称	2024 年 QS 排名	2025 年 QS 排名	优势学科（QS 学科全球排名）	核心特色
新加坡国立大学	8	8	工程与技术（前 5）、计算机科学（前 5）、法学（前 10）	亚洲综合性学术标杆，全球产学研合作枢纽［如与麻省理工学院（MIT）共建实验室］
南洋理工大学	26	15	材料科学（前 1）、环境科学（前 10）、人工智能（前 20）	聚焦可持续科技与创新，校园为全球首个"生态智慧校园"

资料来源：根据 QS 官网数据整理统计。

新加坡国立大学

新加坡国立大学（NUS）对中国本科生的录取保持高度竞争性，建议高考生总分达到 670 分以上，并强化数学 / 理科成绩与课外实践。国际课程学生需注重学科深度与竞赛成果。

一、录取数据

根据新加坡教育部（MOE）国际学生统计及 NUS 年度报告，该校在读中国学生（本科、硕士与博士）总数约为 6500 人，占国际学生的 25%~35%。作为亚洲顶尖综合性大学，新加坡国立大学在工程、计算机科学、商科（如金融、

MBA）及公共政策领域的全球排名吸引中国学生。结合中新教育合作趋势及新加坡"智慧国计划"对科技人才的扩招需求推测，在读中国学生总数会进一步增加。新加坡国立大学每年招收中国本科生 300~400 人，占国际本科生总数的 20%~25%。近年来中国学生申请人数为 5000~6000 人，录取率为 6%~8%。热门专业（如计算机科学、商科、工程）竞争激烈，录取率低于 5%。

二、中国学生录取标化成绩

1. 学术成绩。

● 高考生：理科超一本线 130 分以上（满分 750 分），部分省份理科前 0.3%；文科需全省前 0.5%。

● 国际课程生：A-Level 至少 AAA，IB 需 42+/45，AP 课程需 5 门满分（含核心科目）。

● 英语要求：雅思 7.0+/ 托福 105+，部分专业（如法律）要求更高。

2. 学科特长。

● 竞赛奖项：奥赛（数理化生、信息学）国家级奖项、丘成桐科学奖、国际科创大赛（ISEF）等。

● 科研经历：发表 SCI 论文、参与高校实验室项目。

● 领导力：学生会主席、社团创始人、国际组织志愿者（如联合国青年论坛）。

三、专家观点与建议

1. 认真进行学术准备。

● 以成绩为核心：高考生需确保总分全省前 0.5%，国际课程生争取 IB 满足 44+/45 或 A-Level 满足 4A。

● 标化考试：SAT 需 1500+（数学 790+）、AP 课程需 5 门（含微积分 BC、物理 C 等），可提升竞争力。

2. 申请策略：如果硬件条件一般，避开超热门专业（如 CS），可申请数据科学与经济学、环境工程等交叉学科。

3.背景提升。

● 科研实践：参与高校线上科研项目（如 NUS"青年科学家计划"），或发表国际会议论文（如 IEEE 学生会议）。

● 社会影响：组织公益项目（如乡村 STEM 教育），展现领导力与社会责任感。

● 国际经历：参加新加坡国立大学夏校（如"NUS Summer Program"），争取教授推荐信。

四、研究生录取综合指标

新加坡国立大学对中国研究生的录取竞争持续激烈，商科 / 计算机专业需达到雅思 7.0+ 或 GMAT 700+，研究型项目需提前半年联系导师并提交高质量研究计划。

类别	具体要求	备注
院校背景	优先 985/211 院校或"双一流"高校双非院校学生需 GPA 或科研成果突出	双非院校学生申请商科建议 GPA ≥ 85%
GPA 要求	授课型硕士：均分 ≥ 80%（双非院校建议 ≥ 85%） 研究型硕士 / 博士：均分 ≥ 85%	研究型硕士需发表论文（SCI/ 核心期刊）或参与国家级项目
专业匹配度	跨专业需辅修 / 实习 / 研究经历证明（如文科转数据科学需编程项目）	例如，申请计算机科学需数学、编程基础

资料来源：根据学校官网数据整理统计。

南洋理工大学

南洋理工大学（NTU）对中国本科生的录取竞争持续激烈，建议高考总分至少超一本线 100 分，并注重数学与理科单科成绩。理工科申请者需通过竞赛或科研项目凸显技术能力，商科申请者需强化实践背景。

一、录取数据

根据新加坡教育部（MOE）统计数据及南洋理工大学年度报告，该校在读中国学生（本科、硕士与博士）总数约为 7000 人，占国际学生的 25%~35%。作为亚洲顶尖研究型大学，南洋理工大学在工程、材料科学、人工智能及商科领域的优势吸引中国学生。

近年来，中国学生申请人数为 4500~5500 人，录取率为 6%~7%。南洋理工大学每年招收中国本科生 300~350 人，占国际本科生总数的 15%~20%。热门专业（如计算机工程、人工智能、商科）录取率低于 5%，部分理工科专业竞争尤为激烈。

二、中国学生录取标化成绩

1. 学术成绩。

• 高考生：理科超一本线 120 分以上（满分 750 分），部分省份理科需全省前 0.5%；文科需全省前 0.8%。

• 国际课程生：A-Level 至少 AAA（理工科需数学 / 物理 A），IB 需 41+/45，AP 需 5 门满分（含微积分 BC、物理 C 等）。

• 英语要求：雅思 6.5+ 或托福 90+，商科及传媒专业要求雅思 7.0+ 或托福 100+。

2. 学科特长。

• 竞赛奖项：奥赛（数理化、信息学）省级一等奖以上、国际科创竞赛（如 ISEF、RoboRAVE）获奖者优先。

• 科研实践：参与高校实验室项目、发表论文或拥有专利（尤其是工程类）。

三、专家观点与建议

• 高考 / 国际课程成绩：理科生重点强化数学、物理成绩（高考数学 140+/150，A-Level 数学 / 物理 A）；国际课程生建议选修 AP 计算机科学、统计学。

• 专业选择：避开超热门专业（如计算机科学），可申请环境工程、生物医学工程等新兴领域，或选择"双主修"（如"数学 + 经济学"）。

• 科研与项目：参与南洋理工线上科研营（如"NTU Young Scientist Programme"），或自主完成科创项目（如智能机器人设计）。

• 社会实践：组织技术公益（如编程支教）、参与"新加坡—中国青年领袖论坛"增强跨文化沟通能力。

• 作品集：工程类申请者可提交 CAD 设计图、3D 建模作品；传媒类需提供写作样本或短片作品。

四、研究生录取综合指标

南洋理工大学对中国学生的录取保持高竞争性，建议申请者聚焦专业匹配度与差异化优势。商科、AI 等热门领域需突出标化成绩与实践背景，研究型项目需提前联系导师。

类别	具体要求	备注 / 示例
院校背景	优先 985/211 院校或"双一流"高校；双非院校学生需 GPA 或科研 / 实践经历突出	双非院校学生申请商科建议 GPA ≥ 85%
GPA 要求	授课型硕士：均分 ≥ 80%（双非院校建议 ≥ 85%） 研究型硕士 / 博士：均分 ≥ 85%	研究型项目需发表论文（SCI/ 核心期刊）或参与国家级科研项目
专业匹配度	跨专业申请需辅修证明、相关实习或研究经历	文科转数据科学需编程项目证明
英语成绩	雅思 6.5+（单项 ≥ 6.0）；托福 90+（网考）；部分专业接受大学英语六级（ ≥ 500 分）	接受大学英语六级的专业：公共管理、中国研究等
豁免条件	本科为全英文授课或英语国家学位	需提交学校官方证明信
GRE/GMAT	商 科（ 金 融、MBA）： 建 议 GMAT ≥ 650 或 GRE ≥ 320（非强制但加分） 工程类：无需 GRE 成绩	工程类若提交 GRE Quant ≥ 160 可增强竞争力

类别	具体要求	备注 / 示例
研究计划	研究型硕士 / 博士需提交与导师研究方向契合的研究计划（3000~5000 字）	需引用 NTU 教授近期论文，突出研究创新性
个人陈述	明确职业规划与 NTU 课程 / 资源的关联性（如实验室设备、行业合作网络）	申请人工智能可强调 NTU 与 A*STAR（新加坡科技研究局）的合作项目
推荐信	2 封学术或职业推荐信（研究型项目建议含教授推荐信）	推荐人邮箱需为官方域名（如 .edu 或企业邮箱）
作品集 / 专利	设计类需提交 PDF 作品集（3~5 个项目）；工程类可提交专利或技术报告	媒体设计需提交视频 / 交互作品；材料科学需提交实验数据报告

资料来源：根据学校官网数据整理统计。

第 23 章 马来西亚进入 2025 年 QS 排名前 100 的大学

大学名称	2024 年 QS 排名	2025 年 QS 排名	优势学科	特点
马来亚大学	65	60	计算机科学与工程、社会科学与管理、医学	马来西亚历史最悠久的公立大学，东南亚研究领先，与全球多所顶尖高校建立联合实验室

资料来源：根据 QS 官网数据整理统计。

马来亚大学

马来亚大学（UM）的录取风格以灵活性与性价比见长，接受多种国际课程（A-Level/IB/AP）且语言要求适中（雅思 6.0+），商科、工科热门但竞争相对温和。录取逻辑侧重实践与多样性——部分专业需作品集（如建筑学）或面试（如医学）。

一、录取数据

马来西亚高等教育部（MOHE）2024 年报告提及，中国学生是马来亚大学最大的国际学生群体，该校的国际学生总数约为 3500 名，中国学生共 1094 人，占比约为 31.3%。

二、中国学生录取标化成绩

课程体系	基本要求	热门专业附加要求	推荐科目
中国高考	总分达一本线 75% 以上（如满分 750 分，需 ≥ 563 分）；数学单科 ≥ 110 分（理工科 / 商科）	计算机科学：总分 ≥ 80% + 数学 ≥ 120 分 医学：总分 ≥ 85% + 化学 / 生物 ≥ 125 分	数学、物理、化学、生物、英语
AP 课程	至少 3 门 AP 科目，每门 ≥ 3 分（热门专业需 4 分）；需提交高中成绩单（GPA ≥ 3.0/4.0）	计算机科学：AP 微积分 BC（≥ 4 分）+ 物理 C（≥ 3 分） 商科：AP 微观 / 宏观经济（≥ 4 分）	微积分 BC、物理 C、化学、统计学、计算机科学原理
A-Level	标准要求：BBB（如数学、物理、化学）；需至少 3 门 A-Level 科目（不接受 AS 成绩替代）	工程学：AAB（数学 A+ 物理 A） 医学：A-Level 化学 + 生物（≥ A）	数学、物理、化学、生物、经济
IB 课程	总分 ≥ 30 分（满分 45 分）；至少 2 门 HL 科目，单科 ≥ 5 分	计算机科学：HL 数学 AA ≥ 5 分 + 物理 HL 法律：HL 英语 A 文学 ≥ 5 分	HL 数学 AA、物理、化学、英语 A（文学）、经济
语言要求	雅思总分 6.0+（单项 ≥ 5.5）；托福总分 80+（写作 ≥ 21） 医学 / 法律：雅思 6.5+（单项 ≥ 6.0）		

资料来源：根据学校官网数据整理统计。

三、专家观点与建议

1. 马来亚大学的申请策略应围绕"高性价比 + 实践证据"展开。学术成绩达标即可（AP 需 3 分 + 高考一本线 75%），但需在文书中强调东南亚区域联系（如家族商贸背景或东盟实习经历）。

2. 商科 / 计算机专业建议附上商业计划书或 GitHub 代码库链接，医学申请者需录制英文患者沟通模拟视频。语言成绩允许后补（最晚截止日后 1 个月），但建议优先考取雅思 6.0 以加快审核。

3. 奖学金申请应重点突出"技术转化潜力"（如专利、创业计划），而非单纯的学术分数。

四、研究生录取综合指标

类别	具体要求	热门专业附加要求	备注
学历背景	中国教育部认可的本科学位（申请硕士）或硕士学位（申请博士）；本科 GPA ≥ 3.0/4.0（或均分 80/100）	医学硕士（MSc Medicine）：需临床医学本科 + 医师资格证 MBA：需 2 年以上全职工作经验 + GMAT ≥ 600	跨专业申请需补修前置课程（如计算机硕士需本科修过编程核心课）
语言要求	雅思：总分 6.0+（单项 ≥ 5.5）托福：总分 80+（写作 ≥ 21）PTE：总分 50+（单项 ≥ 42）	法律硕士（LLM）：雅思 6.5+（写作 ≥ 6.0）英语文学硕士：雅思 7.0+（单项 ≥ 6.5）	语言成绩可后补，但需在申请时提交预审证明
学术材料	学位证 / 成绩单（中英文公证 + 学信网认证）研究计划（1500 词，英文撰写）课程描述（仅转学分需提交）	建筑学硕士：需提交作品集（PDF ≤ 20 页）博士申请：需发表至少 1 篇 SCOPUS/SCI 论文	研究计划需与导师研究方向匹配（官网可查教授课题）

资料来源：根据学校官网数据整理统计。

第24章 进入世界名校的国际教育多重解决方案

世界名校非常多，许多学生、家长不知道该如何准备才能进入这些学校。尤其是越来越多的学生选择多国多申的方案，既申请美国，也申请英国、新加坡、加拿大等不同国家。这些国家的教育是完全不同的，到底该如何准备？到底按哪个国家准备才高效有用呢？下面就美国体系与以英国为代表包括加拿大、澳大利亚等国家的英联邦体系，以及亚洲体系作一比较分析，拨开迷雾见真相，找到真正有效的解决方案。

一、美国、英联邦与亚洲体系：不同的准备方案与方向

（一）美国：综合素质驱动的"马拉松式赛跑"

1. 核心理念：以"全人教育"理念筛选学生，成绩（GPA、标化考试）仅为门槛，决定性因素在于课外活动的深度与独特性，致力于通才教育。

2. 时间线。

• 9~10 年级：探索兴趣，开展课外活动，确定学科方向（如创立社团、科研启蒙），尽早开始公益类活动。

• 11 年级：冲刺 AP/SAT，打造"学术标签"（如发表论文、国际竞赛获奖），活动升华与深入。

• 12 年级：通过文书（Common APP 主文书 + 补充文书）构建个人叙事，整合过往经历，形成人物画像，进行大学申请。

3. 申请清单。

• 必需：GPA（未加权 ≥ 3.7）、SAT/ACT（可选但建议 1500+/34+）、AP（5

门以上 5 分）。

- 加分项：含金量高夏校（如 SSHI）、国际竞赛（ISEF、USACO）、个性化项目（如公益创业）。

（二）英联邦：学术专精导向的"精准击破"

1.核心理念：以学科能力为核心，从选课阶段即锁定专业方向，拒绝"通才"策略。

2.时间线。

- A-Level 体系：IGCSE 阶段（10~11 年级）确定 3~4 门主修科目（如数学、物理、经济）。

- IB 体系：HL 课程必须与目标专业高度相关（如申请剑桥自然科学需 HL 数理化）。

3.申请清单。

- 必需：A-Level（AAA*-AAA）或 IB（40+/45）、学科竞赛（如 BPhO、UKChO）。

- 加分项：与专业高度相关的实习（如投行实习对申请 LSE 经济系至关重要）、学术论文（需体现方法论的严谨性）。

（三）亚洲：灵活务实的"性价比之选"

1.核心理念：兼顾学术能力与本土适应性，对非标化经历容忍度高，擅长"跨赛道转化"。

2.时间线。

- 新加坡 / 中国香港：高考体系学生可用高考成绩直申（如港大要求一本线 +150 分），同时准备雅思（6.5+）。

- 日本：需参加 EJU 考试（日语 320+/400，文综 / 理综高分），并行准备校内考（小论文 + 面试）。

3.申请清单。

- 必需：高考成绩（650+/750）或 EJU（700+/800）、语言成绩（雅思 6.5+/托福 90+ 或日语 N1）。

- 加分项：本土化实践（如粤港澳大湾区调研项目）、跨文化适应力（如日语演讲比赛获奖）。

二、适用人群画像：从"冒险家"到"务实派"

（一）美国路径适配者

1. 特质：兴趣广泛、抗压能力强、家庭预算充足（四年本科总费用 200 万 ~300 万元人民币）。

2. 典型画像。

- 热衷跨学科探索，兴趣广泛（如"哲学 + 计算机"双专业）。

- 长期致力于公益或社会活动，有很强的叙事能力，会讲故事。

- 不惧拒信（TOP 30 录取率普遍低于 10%），入学再转学。

（二）英联邦路径适配者

1. 特质：学术早慧、专业目标明确、偏好紧凑学制（英格兰本科三年）。

2. 典型画像。

- 高中阶段已确定攻读未来专业，不作改变。

- 不想在"通识教育"上花过多时间，希望直奔专业课程，进行深入研究。

- 希望控制成本（英国非伦敦地区年均费用为 35 万 ~50 万元人民币）。

（三）亚洲路径适配者

1. 特质：务实导向、文化适应力强、预算敏感（新加坡本科年均费用为 15 万 ~25 万元人民币）。

2. 典型画像。

- 高考发挥稳定，希望规避"洋高考"风险。

- 计划深耕亚洲职场（如中国香港投行、新加坡科技公司）。

- 需兼顾家庭因素（如就近照顾父母）。

三、教育体系对比：从"自由探索"到"结构化深耕"

（一）美国：通识教育的"变形金刚"模式

1. 核心特色。

- 课程：前两年广泛涉猎（需修满人文、社科、自然科学学分），给予学生充分的探索和纠偏空间，大二结束定专业。

- 考核：持续评估（论文、小组项目、课堂参与占 60% 以上）。

● 资源：本科生可深度参与科研（如哈佛 PRISE 项目）、创业（MIT $100K 竞赛）。

2. 适合学生：乐于自我驱动、擅长时间管理的"多面手"。

（二）英联邦：学科深挖的"学术隧道"模式

1. 核心特色。

● 课程：从大一即进入专业学习（如牛津 PPE 专业无选修课）。

● 考核：年终大考"定生死"（如剑桥 Tripos 考试占比达 70% 以上）。

● 资源：导师制（Tutorial System）提供高强度学术训练。

2. 适合学生：追求学科纯粹性、适应高压考试的"专才"。

（三）亚洲：就业导向的"实用主义"模式

1. 核心特色。

● 课程：紧密结合产业需求（如新加坡国立大学设"金融科技"微专业）。

● 考核：考试与实习并重（如香港大学商学院要求 500 小时企业实践）。

● 资源：校企合作密集（如东京大学与丰田公司共建自动驾驶实验室）。

2. 适合学生：目标明确、希望学位直接赋能职业发展的"实用派"。

四、战略兼容性：为什么美国路径可"通吃"全球？

三大体系相比较，到底按哪个体系准备呢？最终解决方案就是，如果是多国多申，这个多国中有美国，就必须按美国来准备，因为别的国家都是一条线，即学术导向这一条线，而美国还有另一条线，就是课外活动体现的人物特征线。

所以，按美国体系准备，兼顾了学术线，又能顺利地进行多国多申方案的准备，更具竞争力。

（一）标化成绩的全球认可

1. SAT/ACT：英联邦（如墨尔本大学）、亚洲（如香港大学）广泛接受。

2. AP 课程：可转换英国大学学分（如 LSE 认可 AP 5 分抵 A-Level A*），亦满足新加坡国立大学先修要求。AP 课程全球认可。

（二）活动经历的降维适配

1. 美国式活动（如科研、创业、领导力）在英联邦申请中彰显独特性，尤其对于冲击 G5 名校而言。

2. 亚洲院校对国际化背景的偏好（如新加坡管理大学奖学金青睐"美式辩论赛冠军"）。

（三）文书能力的跨体系复用

1. 美国主文书（Personal Statement）的叙事技巧可直接用于英国 UCAS 个人陈述。

2. 在香港大学、东京大学等面试环节中，美式"故事化表达"更易打动考官。

五、结论：没有最优解，只有最适解

名校申请的本质是"资源与需求的匹配规则"：美国路径适合愿意追求不确定性的探索者，其超宽口径准备可兼容多国申请；英联邦路径为学术早慧者提供"直达列车"，但需放弃跨学科探索的可能性；亚洲路径以高性价比和区位优势，成为务实家庭的最优选择。

无论选择哪条路，核心在于秉持"以终为始"的原则，从职业目标、性格特质、家庭资源倒推规划。世界名校的多样性，为不同特点的学子提供了绽放的舞台。

附录 1　三大世界大学排名表

一、2025 年 QS 世界大学排名

2025 年排名	2024 年排名	学校名称（中文）	学校名称（外文）	国家 / 地区
1	1	麻省理工学院	Massachusetts Institute of Technology（MIT）	美国
2	6	帝国理工学院	Imperial College London	英国
3	3	牛津大学	University of Oxford	英国
4	4	哈佛大学	Harvard University	美国
5	2	剑桥大学	University of Cambridge	英国
6	5	斯坦福大学	Stanford University	美国
7	7	苏黎世联邦理工大学（瑞士联邦理工学院）	Swiss Federal Institute of Technology ETH Zurich	瑞士
8	8	新加坡国立大学	National University of Singapore（NUS）	新加坡
9	9	伦敦大学学院	University College London	英国
10	15	加州理工大学	California Institute of Technology（Caltech）	美国
11	12	宾夕法尼亚大学	University of Pennsylvania	美国
12	10	加州大学伯克利分校	University of California, Berkeley（UCB）	美国
13	14	墨尔本大学	The University of Melbourne	澳大利亚
14	17	北京大学	Peking University	中国

续表

2025 年排名	2024 年排名	学校名称（中文）	学校名称（外文）	国家 / 地区
15	26	南洋理工大学	Nanyang Technological University Singapore （NTU）	新加坡
16	13	康奈尔大学	Cornell University	美国
17	26	香港大学	The University of Hong Kong（HKU）	中国香港
18	19	悉尼大学	The University of Sydney	澳大利亚
19	19	新南威尔士大学	The University of New South Wales （UNSW Sydney）	澳大利亚
20	25	清华大学	Tsinghua University	中国
21	11	芝加哥大学	University of Chicago	美国
22	17	普林斯顿大学	Princeton University	美国
23	16	耶鲁大学	Yale University	美国
24	24	巴黎文理研究大学	Universite PSL	法国
25	21	多伦多大学	University of Toronto	加拿大
26	36	洛桑联邦理工学院	École Polytechnique Federal of Lausanne （EPFL）	瑞士
27	22	爱丁堡大学	The University of Edinburgh	英国
28	37	慕尼黑工业大学	Technical University of Munich	德国
29	31	麦吉尔大学	McGill University	加拿大
30	34	澳大利亚国立大学	The Australian National University （ANU）	澳大利亚
31	41	首尔国立大学	Seoul NationalUniversity	韩国
32	28	约翰斯·霍普金斯大学	Johns Hopkins University	美国
32	29	东京大学	The University of Tokyo	日本
34	23	哥伦比亚大学	Columbia University	美国
34	32	曼彻斯特大学	The University of Manchester	英国
36	47	香港中文大学	The Chinese University of Hong Kong （CUHK）	中国香港
37	42	莫纳士大学	Monash University	澳大利亚

续表

2025 年排名	2024 年排名	学校名称（中文）	学校名称（外文）	国家 / 地区
38	34	英属哥伦比亚大学	University of British Columbia	加拿大
38	50	复旦大学	Fudan University	中国
40	40	伦敦国王学院	King's College London	英国
40	43	昆士兰大学	The University of Queensland （UQ）	澳大利亚
42	30	加州大学洛杉矶分校	University of California Angeles	美国
43	38	纽约大学	New York University （NYU）	美国
44	33	密歇根大学安娜堡分校	University of Michigan, Ann Arbor	美国
45	51	上海交通大学	Shanghai Jiao Tong University	中国
46	38	巴黎综合理工学院	Institute Polytechnique de Paris	法国
47	60	香港科技大学	The Hong Kong university of Science and Technology （HKUST）	中国香港
47	44	浙江大学	Zhejiang University	中国
49	47	代尔夫特理工大学	Delft University of Technology	荷兰
50	46	京都大学	Kyoto University	日本
50	47	西北大学	Northwestern University	美国
50	45	伦敦经济政治学院	The London School of Economics and Political Science （LSE）	英国
53	56	韩国科学技术院	Korea Advanced Institute of Science and Technology	韩国
54	55	布里斯托大学	University of Bristol	英国
55	53	阿姆斯特丹大学	University of Amsterdam	荷兰
56	76	延世大学	Yonsei University	韩国
57	65	香港理工大学	The Hong Kong Polytechnic University	中国香港
58	52	卡内基梅隆大学	Carnegie Mellon University （CMU）	美国
59	54	慕尼黑大学	Ludwig-Maximilians-Universität München	德国
60	65	马来亚大学	Universiti Malaya （UM）	马来西亚
61	57	杜克大学	Duke University	美国

续表

2025 年 排名	2024 年 排名	学校名称（中文）	学校名称（外文）	国家 / 地区
62	70	香港城市大学	City University of Hong Kong	中国香港
63	61	鲁汶大学	KU Leuven	比利时
63	59	索邦大学	Sorbonne University	法国
65	68	奥克兰大学	The University of Auckland	新西兰
66	58	得克萨斯大学奥斯汀 分校	University of Texas at Austin	美国
67	79	高丽大学	Korea University	韩国
68	69	台湾大学	National Taiwan University（NTU）	中国台湾
69	67	华威大学	The University of Warwick	英国
69	64	伊利诺伊大学 厄巴纳—香槟分校	University of Illinois—Urbana- Champaign	美国
71	95	布宜诺斯艾利斯大学	Universidad de Buenos Aires（UBA）	阿根廷
72	62	加州大学圣迭戈 分校	University of California, San Diego	美国
73	71	巴黎萨克雷大学	Université Paris-Saclay	法国
74	73	瑞典皇家理工学院	KTH Royal Institute of Technology	瑞典
75	85	隆德大学	Lund University	瑞典
76	63	华盛顿大学	University of Washington	美国
77	72	西澳大学	The University of Western Australia	澳大利亚
78	76	格拉斯哥大学	University of Glasgow	英国
79	73	布朗大学	Brown University	美国
80	84	伯明翰大学	University of Birmingham	英国
80	81	南安普敦大学	University of Southampton	英国
82	89	阿德莱德大学	The University of Adelaide	澳大利亚
82	75	利兹大学	University of Leeds	英国
84	87	海德堡大学	Ruprecht-Karls-Universität Heidelberg	德国
84	91	东京工业大学	Tokyo Institute of Technology （TokyoTech）	日本
86	80	大阪大学	Osaka University	日本

续表

2025 年排名	2024 年排名	学校名称（中文）	学校名称（外文）	国家 / 地区
87	81	都柏林三一学院	Trinity College Dublin, The University of Dublin	爱尔兰
88	90	悉尼科技大学	University of Technology Sydney	澳大利亚
89	78	杜伦大学	Durham University	英国
89	83	宾夕法尼亚州州立大学	Pennsylvania State University	美国
89	99	普渡大学	Purdue University	美国
92	85	圣保罗大学	Universidade de Sao Paulo	巴西
93	103	智利天主教大学	Pontifical Catholic University of Chile	智利
94	87	莫斯科国立大学	Lomonosov Moscow State University	俄罗斯
94	93	墨西哥国立自治	Universidad Nacional Autonoma de Mexico （UNAM）	墨西哥
96	111	阿尔伯塔大学	University of Alberta	加拿大
97	98	柏林自由大学	Freie Universitaet Berlin	德国
98	100	浦项科技大学	Pohang University of Science And Technology （POSTECH）	韩国
99	106	亚琛工业大学	RWTH Aachen University	德国
100	107	哥本哈根大学	University of Copenhagen	丹麦

数据来源：QS 中国官网（https://www.qschina.cn/university-rankings/world-university-rankings/2025）。

二、2024 年上海软科世界大学学术排名

2024 年排名	2023 年排名	学校名称（中文）	学校名称（英文）	国家 / 地区
1	1	哈佛大学	Harvard University	美国
2	2	斯坦福大学	Stanford University	美国
3	3	麻省理工学院	Massachusetts Institute of Technology（MIT）	美国
4	4	剑桥大学	University of Cambridge	英国
5	5	加州大学伯克利分校	University of California, Berkeley	美国
6	7	牛津大学	University of Oxford	英国
7	6	普林斯顿大学	Princeton University	美国
8	9	加州理工学院	California Institute of Technology	美国
8	8	哥伦比亚大学	Columbia University	美国
10	10	芝加哥大学	University of Chicago	美国
11	11	耶鲁大学	Yale University	美国
12	12	康奈尔大学	Cornell University	美国
12	15	巴黎萨克雷大学	Paris- Saclay University	法国
14	14	宾夕法尼亚大学	University of Pennsylvania	美国
15	13	加州大学洛杉矶分校	University of California, Los Angeles	美国
16	17	伦敦大学学院	University College London	英国
17	16	约翰斯·霍普金斯大学	Johns Hopkins University	美国
18	19	加州大学圣迭戈分校	University of California, San Diego	美国
19	18	华盛顿大学	University of Washington	美国
20	21	加州大学旧金山分校	University of California, San Francisco	美国
21	20	苏黎世联邦理工学院	ETH Zurich	瑞士
22	22	清华大学	Tsinghua University	中国
23	25	圣路易斯华盛顿大学	Washington University in St. Louis	美国
24	29	北京大学	Peking University	中国
25	23	帝国理工学院	Imperial College London	英国
26	24	多伦多大学	University of Toronto	加拿大
27	33	浙江大学	Zhejiang University	中国

续表

2024 年排名	2023 年排名	学校名称（中文）	学校名称（英文）	国家 / 地区
28	27	东京大学	The University of Tokyo	日本
29	39	洛克菲勒大学	Rockefeller University	美国
30	26	密歇根大学安娜堡分校	University of Michigan - Ann Arbor	美国
31	28	纽约大学	New York University	美国
32	32	哥本哈根大学	University of Copenhagen	丹麦
33	30	西北大学	Northwestern University	美国
33	41	巴黎文理研究大学	PSL University	法国
35	31	北卡罗来纳大学教堂山分校	University of North Carolina at Chapel Hill	美国
36	35	威斯康辛大学麦迪逊分校	University of Wisconsin - Madison	美国
37	35	墨尔本大学	The University of Melbourne	澳大利亚
38	46	上海交通大学	Shanghai Jiao Tong University	中国
39	34	杜克大学	Duke University	美国
40	38	爱丁堡大学	The University of Edinburgh	英国
41	46	索邦大学	Sorbonne University	法国
42	64	中国科学技术大学	University of Science and Technology of China	中国
43	37	卡罗林斯卡学院	Karolinska Institute	瑞典
43	59	慕尼黑大学	University of Munich	德国
45	39	京都大学	Kyoto University	日本
45	43	得克萨斯大学奥斯汀分校	The University of Texas at Austin	美国
47	59	慕尼黑工业大学	Technical University of Munich	德国
47	44	英属哥伦比亚大学	University of British Columbia	加拿大
47	44	明尼苏达大学双城分校	University of Minnesota, Twin Cities	美国
50	56	复旦大学	Fudan University	中国
50	55	海德堡大学	Heidelberg University	德国
52	41	曼彻斯特大学	The University of Manchester	英国
53	59	伦敦大学国王学院	King's College London	英国
54	48	得克萨斯大学西南医学中心	The University of Texas Southwestern Medical Center at Dallas	美国

续表

2024 年排名	2023 年排名	学校名称（中文）	学校名称（英文）	国家/地区
55	54	洛桑联邦理工学院	Swiss Federal Institute of Technology Lausanne	瑞士
55	52	伊利诺伊大学厄巴纳—香槟分校	University of Illinois at Urbana-Champaign	美国
55	52	乌得勒支大学	Utrecht University	荷兰
58	49	日内瓦大学	University of Geneva	瑞士
58	50	马里兰大学帕克分校	University of Maryland, College Park	美国
60	69	巴黎西岱大学	Université Paris Cité	法国
61	67	波恩大学	University of Bonn	德国
62	58	南加州大学	University of Southern California	美国
63	51	昆士兰大学	The University of Queensland	澳大利亚
64	63	加州大学圣塔芭芭拉分校	University of California, Santa Barbara	美国
65	57	科罗拉多大学博尔德分校	University of Colorado at Boulder	美国
66	66	范德堡大学	Vanderbilt University	美国
67	59	苏黎世大学	University of Zurich	瑞士
68	71	新加坡国立大学	National University of Singapore	新加坡
69	88	香港大学	The University of Hongkong	中国香港
69	76	格罗宁根大学	University of Groningen	荷兰
69	68	魏茨曼科学学院	Weizmann Institute of Science	以色列
72	73	中山大学	Sun Yat-sen University	中国
72	73	奥斯陆大学	University of Oslo	挪威
74	70	麦吉尔大学	McGill University	加拿大
74	73	悉尼大学	University of Sydney	澳大利亚
76	65	加州大学尔湾分校	University of California, Irvine	美国
77	72	新南威尔士大学	The University of New South Wales	澳大利亚
78	86	鲁汶大学	KU Leuven	比利时
79	91	华中科技大学	Huazhong University of Science and Technology	中国
80	78	奥胡斯大学	Aarhus University	丹麦
81	86	耶路撒冷希伯来大学	The Hebrew University of Jerusalem	以色列

续表

2024 年排名	2023 年排名	学校名称（中文）	学校名称（英文）	国家/地区
82	77	莫纳士大学	Monash University	澳大利亚
82	96	南京大学	Nanjing University	中国
82	101~150	俄亥俄州立大学哥伦布分校	Ohio State University at Columbus	美国
85	79	以色列理工学院	Technion-Israel Institute of Technology	以色列
86	94	首尔国立大学	Seoul National University	韩国
86	80	得克萨斯大学安德森癌症研究中心	The University of Texas M. D. Anderson Cancer Center	美国
88	82	乌普萨拉大学	Uppsala University	瑞典
89	101~150	武汉大学	Wuhan University	中国
90	84	根特大学	Ghent University	比利时
90	101~150	沙特国王大学	Prince Mohammad Bin Fahd University	沙特阿拉伯
90	93	南洋理工大学	Nanyang Technological University	新加坡
90	83	匹兹堡大学	University of Pittsburgh	美国
94	95	中南大学	Central South University	中国
95	81	巴塞尔大学	University of Basel	瑞士
95	101~150	西安交通大学	Xi'an Jiaotong University	中国
97	88	布里斯托大学	University of Bristol	英国
98	101~150	四川大学	Sichuan University	中国
99	101~150	赫尔辛基大学	University of Helsinki	芬兰
100	96	普渡大学西拉法叶分校	Purdue University - West Lafayette	美国

注：排名指标校友获奖（10%）、教师获奖（20%）、高被引科学家（20%）、N&S 论文数（20%）、国际论文数量（20%）、师均表现（10%）。

数据来源：https://www.shanghairanking.cn/rankings/arwu/2024。

三、2025 年 U.S.News 美国大学排名

2025 年排名	2024 年排名	学校名称（中文）	学校名称（英文）
1	1	普林斯顿大学	Princeton University
2	2	麻省理工学院	Massachusetts Institute of Technology
3	3	哈佛大学	Harvard University
4	3	斯坦福大学	Stanford University
5	5	耶鲁大学	Yale University
6	7	加州理工学院	California Institute of Technology
6	7	杜克大学	Duke University
6	9	约翰斯·霍普金斯大学	Johns Hopkins University
6	9	西北大学	Northwestern University
10	6	宾夕法尼亚大学	University of Pennsylvania
11	12	康奈尔大学	Cornell University
11	12	芝加哥大学	University of Chicago
13	9	布朗大学	Brown University
13	12	哥伦比亚大学	Columbia University
15	18	达特茅斯学院	Dartmouth College
15	15	加州大学洛杉矶分校	University of California-Los Angeles
17	15	加州大学伯克利分校	University of California-Berkeley
18	17	莱斯大学	Rice University
18	20	圣母大学	University of Notre Dame
18	18	范德堡大学	Vanderbilt University
21	24	卡内基梅隆大学	Carnegie Mellon University
21	21	密歇根大学安娜堡分校	University of Michigan-Ann Arbor
21	24	圣路易斯华盛顿大学	Washington University in St. Louis
24	24	埃默里大学	Emory University
24	22	乔治城大学	Georgetown University
24	24	弗吉尼亚大学	University of Virginia
27	22	北卡罗来纳大学教堂山分校	University of North Carolina-Chapel Hill

续表

2025 年排名	2024 年排名	学校名称（中文）	学校名称（英文）
27	28	南加利福尼亚大学	University of Southern California
29	28	加州大学圣迭戈分校	University of California-San Diego
30	35	纽约大学	New York University
30	28	佛罗里达大学	University of Florida
30	32	得克萨斯大学奥斯汀分校	University of Texas at Austin
33	33	佐治亚理工学院	Georgia Institute of Technology
33	28	加州大学戴维斯分校	University of California-Davis
33	33	加州大学尔湾分校	University of California-Irvine
33	35	伊利诺伊大学厄巴纳—香槟分校	University of llinois-Urbana-Champaign
37	39	波士顿学院	Boston College
37	40	塔夫茨大学	Tufts University
39	35	加州大学圣塔芭芭拉大学	University of California-Santa Barbara
39	35	威斯康星大学麦迪逊分校	University of Wisconsin-Madison
41	43	波士顿大学	Boston University
41	43	俄亥俄州立大学哥伦布分校	Ohio State University-Columbus
41	40	罗格斯大学新布朗斯维克分校	Rutgers University-New Brunswick
44	46	马里兰大学	University of Maryland College Park
44	47	罗切斯特大学	University of Rochester
46	47	理海大学	Lehigh University
46	43	普渡大学	Purdue University
46	47	佐治亚大学	University of Georgia
46	40	华盛顿大学	University of Washington
46	47	维克森林大学	Wake Forest University
51	47	凯斯西储大学	Case Western Reserve University
51	47	得克萨斯农工大学	Texas A&M University
51	53	弗吉尼亚理工大学	Virginia Tech
54	53	佛罗里达州立大学	Florida State University
54	53	东北大学	Northeastern University

续表

2025 年排名	2024 年排名	学校名称（中文）	学校名称（英文）
54	53	明尼苏达大学	University of Minnesota, Twin Cities
54	60	威廉与玛丽学院	William Mary College
58	58	北卡罗来纳州立大学	North Carolina State University
58	60	纽约州立大学石溪分校	Stone Brook University-SUNY
58	67	加州大学默塞德分校	University of California, Merced
58	67	马萨诸塞大学安姆斯特分校	University of Massachusetts-Amherst
58	60	维拉诺瓦大学	Villanova University
63	67	布兰迪斯大学	Brandeis University
63	60	乔治·华盛顿大学	George Washington University
63	60	密歇根州立大学	Michigan State University
63	60	宾夕法尼亚州立大学帕克分校	The Pennsylvania State University-Park
63	73	圣塔克拉拉大学	Santa Clara University
63	67	杜兰大学	Tulane University
63	60	迈阿密大学	University of Miami
70	58	伦斯勒理工学院	Rensselaer Polytechnic Institute
70	67	康涅狄格大学	University of Connecticut
70	73	匹兹堡大学	University of Pittsburgh
73	73	纽约州立大学宾汉姆顿分校	Binghamton University-SUNY
73	67	印第安纳大学伯明顿分校	Indiana University-Bloomington
73	76	雪城大学	Syracuse University
76	76	科罗拉多矿业大学	Colorado School of Mines
76	76	斯蒂文斯理工学院	Stevens Institute of Technology
76	86	纽约州立大学水牛城分校	University at Buffalo-SUNY
76	76	加州大学河滨分校	University of California, Riverside
80	82	克莱姆森大学	Clemson University
80	82	佩珀代因大学	Pepperdine University
80	86	罗格斯大学纽瓦克分校	Rutgers University-Newark
80	82	伊利诺伊大学芝加哥分校	University of Illinois Chicago

续表

2025 年排名	2024 年排名	学校名称（中文）	学校名称（英文）
84	98	新泽西理工学院	New Jersey Institute of Technology
84	115	加州大学圣克鲁斯分校	University of California, Santa Cruz
86	86	德雷塞尔大学	Drexel University
86	76	霍华德大学	Howard University
86	82	马凯特大学	Marquette University
86	105	特拉华大学	University of Delaware
86	89	伍斯特理工学院	Worcester Polytechnic Institute
91	93	美利坚大学	American University
91	98	贝勒大学	Baylor University
91	89	福特汉姆大学	Fordham University
91	89	洛约拉马利蒙特大学	Loyola Marymount University
91	98	罗切斯特理工学院	Rochester Institute of Technology
91	89	南卫理公会大学	Southern Methodist University
91	96	南佛罗里达大学	University of South Florida
98	98	佛罗里达国际大学	Florida International University
98	98	贡萨加大学	Gonzaga University
98	98	罗格斯大学坎顿分校	Rutgers University-Camden
98	89	天普大学	Temple University
98	105	科罗拉多博尔德分校	University of Colorado Boulder
98	93	爱荷华大学	University of Iowa
98	105	叶史瓦大学	Yeshiva University

数据来源：https://www.usnews.com/best-colleges/rankings/national-universities?_sort=rank&_sortDirection=asc。

附录 2 "保险 + 子女教育"，一直守护了不起的你

中信保诚人寿成立于 2000 年，由中信集团和保诚集团联合发起创建。成立以来，中信保诚人寿倾心聆听客户心声，不断推出符合客户需求的产品和服务。目前，公司提供覆盖传统险、疾病、医疗、意外、财富管理等多个领域，充分满足客户全生命周期多层次需求的保险产品和服务。同时，作为负责任的企业公民，中信保诚人寿一直用心聆听社会需求，主动承担社会责任，倡导"聆听·关怀"的公益主题，积极支持中国教育、救灾、健康事业的发展。

教育，是一场爱的坚持。我们深知，教育规划不仅是财务储备，更是家庭责任与未来愿景的呈现。在子女从学前教育到高等教育的全周期中，教育需求与成本会呈现出明显的阶梯式增长特征：幼儿阶段的早教启蒙年均投入为 3 万 ~5 万元，基础教育阶段课外拓展年均支出攀升至 5 万 ~8 万元，而高等教育阶段海外留学费用更可能突破年均 40 万元大关[①]。面对指数级增长的教育成本，我们的准备是否充分？

保险工具与教育规划深度融合，可为年轻家庭构建三维保障体系。在基础层配置教育年金保险，通过长缴费期实现资金强制积累，确保在孩子大学阶段可定期领取教育金；在中层配置分红型终身寿险，其现金价值增长可灵活用于子女深造；在风险保障层叠加保障家庭经济支柱的定期寿险和重疾险，

---

① 数据来源：《2023 年中国家庭教育消费白皮书》。

确保即便遭遇突发风险，教育资金链仍可持续运转。

除保险配置外，中信保诚人寿还以全球化视野重构教育生态，联合国际权威教育机构，共同打造"QS100 名校护航行动"，构建从基础教育到硕博深造的 15 年教育赋能体系，为高净值家庭提供"教育规划 + 资源链接 + 成果交付"的全流程解决方案。搭建三大平台护航成长，让孩子阅历世界、认识自己、成就未来。

一、三大平台，构筑精英教育基石

1. 升学规划平台——为之计长远，让选择更科学

升学规划的目标，是以今日的科学决策，锁定明日的竞争优势。我们甄选实力雄厚的培训机构，提供专属权益和辅导，让您的选择更充分，助力孩子坚实地走出每一步。

核心权益：《QS100 世界名校录取指南》

亮点 1：资深专家数十年经验沉淀。执笔专家甄金辉曾任职于藤校，深入世界名校调研，沉淀数十年一线经验；专家团队汇集北美招生官与升学指导协会资深会员、前名校面试官等；数十年间所辅导学生拿到藤校本科、研究生、全奖博士 Offer 的背景提升和申请经验。

亮点 2：不同区域名校录取独家秘籍。汇集北美、英国、欧洲、澳洲、亚洲世界各大名校的优势学科、录取偏好、往届录取数据，助力学生确定符合求学需求的意向院校；中国学生录取情况全面解析，勾勒符合各名校录取偏好的学生画像，包括所需的学术和素质背景；数据化展示不同名校的毕业生就业去向，并根据最新政策变化，对敏感专业申请作出预警并给出有效建议。

亮点 3：数千名学生圆梦名校实战法则。执笔专家团队曾辅导数千名学生进入 QS100 世界名校；汇集专家团队对于不同年龄阶段留学的多年实战经验，针对不同阶段留学给出多重有效解决方案；可对照不同国家、地区的教育特点，结合自身背景和需求，有效进行背景提升；节省时间成

本，精准努力。

围绕《QS100 世界名校录取指南》，覆盖国内外 QS100 院校数据库，甄选资深规划顾问团队，提供从前景规划到学术指导的全学龄段一对一陪伴，帮助孩子精准定位目标院校，制订科学合理的备考计划，确保每一步都稳健而有力。

2. 教育金融平台——未来很远，但准备需要从现在开始

教育金规划本质上是时间价值与风险管理的双重博弈，其战略核心在于"专款专用 + 提前布局"。唯有建立物理隔离的教育资金池，并借助时间复利打造"自生长型教育基金"，才能真正实现"教育自由"的代际跨越。

核心权益：教育金智能规划系统

可设计小学至硕士期间的教育金专属规划报告书，并针对风险偏好制订长期储备计划，为子女教育提供良好财务基础；同时支持个性化的国际学校、海外留学生活费、学费、住宿费测算。

围绕教育金智能规划系统，配合 3000 余所学校教育、生活费用查询，助您轻松部署子女的教育储备计划，护航成长路上的不确定性。还有签证管家为您省去时间成本。我们守护的不仅是学业，更是对家庭的深远考量。

3. 信公益平台——成长了不起，让经历成为竞争力

信公益平台，将青少年的参与转化为可量化的成长资产库，在培养青少年的同理心、抗压性的同时，锻造核心竞争力。

亮点 1：公益生态入口，精准触达用户需求。

亮点 2：国际化认证背书，赋能留学竞争力。

亮点 3：公益档案全生命周期记录，助力学校申请。

核心权益：QS Impact

QSI 即 QS Impact 作为世界顶尖教育研究机构 QS 下属的非营利组织，是英国注册、联合国环境规划署（UNEP）认证的慈善机构，致力于通过推动联合国可持续发展目标（SDGs）建设更美好的世界。作为全球 SDG 孵化器，为 101 个国家的数千名青年领袖提供技能、资源和知识，助力他们在本地社区通过战略合作（高校、企业与社区联动）实现可持续变革。

中信保诚人寿作为 QSI 公益中国金融领域独家合作伙伴，致力于与国际接轨，以联合国可持续发展目标为标准，为中国学生提供符合联合国可持续发展目标的公益活动，助力学生社会责任与能力培养的结合。中信保诚人寿将与 QSI 一同为客户子女提供国际化标准的公益背景提升活动；达到公益时长和标准可以获得 QSI 与中信保诚人寿联名公益证书，提升留学申请竞争力。

符合条件的孩子有机会参加 QSI 国际公益赛事，助力留学之路。QS Impact Awards 是由 QS 设立的全球性奖项，旨在表彰在可持续发展领域作出突出贡献的个人、组织及项目。该奖项通过提供种子资金、专业课程及资源支持，助力获奖者扩大影响力并推动社会变革。QS 通过该奖项与其高等教育排名体系形成协同，并在 2024 年世界大学排名中新增"可持续发展"指标，强调社会价值与科研能力的并重。推动全球高等教育机构关注社会责任的长期目标，同时为非学术领域的实践者提供认可与资源支持。

除此之外，更有科技、环保、财商等精选公益活动。每一步成长都将被完整记录，收获独一无二的未来竞争力。

二、"3+3+N"，全服务周期的陪伴

三大平台各自承载着重要的使命，共同构成了我们服务的核心；三大核心权益，着力为孩子提供权威认证、全面财务规划及世界名校资讯。我们不仅关注孩子们的学习成绩和背景提升，更重视他们的全面发展与个性成长；

不仅提供升学路上的专业指导，还关注家庭的经济安全与未来规划。在"3+3"的基础上，我们还引入了"N"的概念，即围绕子女教育全周期提供多元化服务。从签证办理到海外护航，从职业规划到人生导师，我们致力于在每一个关键时刻为孩子们提供最有力的支持。

　　扫描下方二维码，可找到十大规划师，了解更多子女教育服务体系权益详情。